심리상담의 이해와
사례개념화

심리상담의 이해와 사례개념화

발행일	2024년 3월 8일		
지은이	임향빈		
펴낸이	손형국		
펴낸곳	(주)북랩		
편집인	선일영	편집	김은수, 배진용, 김부경, 김다빈
디자인	이현수, 김민하, 임진형, 안유경	제작	박기성, 구성우, 이창영, 배상진
마케팅	김회란, 박진관		
출판등록	2004. 12. 1(제2012-000051호)		
주소	서울특별시 금천구 가산디지털 1로 168, 우림라이온스밸리 B동 B113~115호, C동 B101호		
홈페이지	www.book.co.kr		
전화번호	(02)2026-5777	팩스	(02)3159-9637
ISBN	979-11-7224-011-0 93180 (종이책)		979-11-7224-012-7 95180 (전자책)

(주)북랩 성공출판의 파트너

북랩 홈페이지와 패밀리 사이트에서 다양한 출판 솔루션을 만나 보세요!

홈페이지 book.co.kr • **블로그** blog.naver.com/essaybook • **출판문의** book@book.co.kr

작가 연락처 문의 ▶ ask.book.co.kr

작가 연락처는 개인정보이므로 북랩에서 알려드릴 수 없습니다.

우리의 마음을 치유하는 프로 심리상담가의 명쾌한 해법

심리상담의 이해와 사례개념화

임향빈
지음

북랩

우리가 사는 사회에서는 가족 갈등, 대인 관계의 어려움, 사회 부적응, 일탈 등 크고 작은 다양한 문제들이 표출되고 있다. 이로 인하여 가정 폭력, 학교 폭력, 데이트 폭력, 묻지마 범죄 등이 점차 증가하고 있다.

이에 대한 대안으로 언론이나 민간에서는 사회안전망 구축과 예방적 차원에서 전문 상담의 필요성에 대해 이야기하고 있다. 이는 현실을 직시한 바람직한 대안으로 보인다. 심리상담은 내담자의 긍정적 변화와 치유를 가능하게 하며, 병리 현상을 예방하는 기능도 하기 때문이다.

인간이 생후부터 현재까지 경험한 모든 일들은 무의식에 가라앉아 있다가 연상 상황, 연상 기억에 의하여 의식 위로 올라오게 된다. 즐거운 경험이 올라오면 삶의 질이 높아지지만, 부정적 경험이나 생각하기 싫을 정도의 어두운 그림자가 올라오면 삶에 부정적 영향을 미치게 된다.

심리상담은 단기적으로는 긍정적 변화, 장기적으로는 치유가 일어나야 한다. 이를 위해서는 이론적 배경이 튼튼해야 하며, 임상경험이 쌓여야 한다. 따라서 이 책은 심리상담을 하고 있는 상담자나 수련생,

상담에 관심이 있는 사람들에게는 건물의 설계도나 길을 찾는 데 필수적인 지도 또는 밤하늘의 북극성 같은 역할을 하게 될 것이며, 상담 역량 강화에 도움이 될 것이다.

이 책은 심리상담의 이해와 사례개념화를 체계적으로 이해하고 적용할 수 있도록 1부, 2부로 나누어져 있다. 1부에서는 심리상담의 이해에 관해서 다루고 있고, 2부에서는 사례개념화와 사례 분석에 대하여 다루고 있다.

1부에서는 1장 심리상담, 2장 상담자와 내담자, 3장 상담자의 역량 강화, 4장 상담자의 슈퍼비전, 5장 심리상담의 진행 과정, 6장 심리상담의 이론적 모델, 7장 가계도에 대하여 기술하였다.

2부에서는 1장 사례개념화, 2장 사례 분석 '관계의 어려움으로 삶의 질이 낮아진 내담자'로 구성되어 있다. 사례를 통하여 내담자의 변화 과정을 보게 될 것이며, 사례개념화와 사례 분석의 이해를 돕고자 하였다.

끝으로 이 책에서 제시하고 있는 이론적 지식과 기법이 임상 지식에 목말라하고 있는 상담자나 후학들에게 단비가 되어 갈증을 풀어주는 역할을 하였으면 좋겠다. 필자의 노력이 이 땅에 뿌리를 내리고 심리상담의 나무가 되어 열매를 맺고, 그 열매를 통하여 상담 역량 강화와 심리상담에 대한 욕구를 해소하는 데 이바지하기를 바란다.

2024년 3월

임향빈

목차

제1부 심리상담의 이해

제2부 사례개념화

　몸과 마음의 관계는 중요한 철학적 탐구의 주제다. 이 문제에 대해 고대로부터 다양한 의견이 개진되었으며, 현재도 여전히 탐구는 진행 중이다. 이처럼 시대를 달리하면서도 동일한 문제가 계속해서 논의되는, 혹은 논의될 수 있는 이유는 인간의 몸에 대한 지식이 발전하기 때문이다. 새롭게 발전된 당대의 의학 지식은 이 문제에 대해 새로운 관점과 생각할 거리를 제공하고, 그에 자극받아 이 오래된 철학적 주제에 대한 논의는 더욱 풍부해진다. 현대 뇌과학의 발전이 몸과 마음의 관계에 대해 새로운 통찰력을 제공하는 것이 그 좋은 예다. 그런 의미에서 이 철학적 주제에 대한 논의는 당대 의학과 뗄 수 없는 관계에 있다고 할 수 있다. 그리고 의학에서 유래한 개념은 이 문제의 탐구 과정에서 단순히 의학적 논의에만 국한되지 않고 그 영역을 넘어 인간의 마음과 정신세계를 설명하는 개념으로 확장되기도 한다(여인석, 2020: 54).

　자아존중감이 높은 사람은 울타리가 높고 단단하다. 이들은 감정의 기복이 적고 피해의식이 낮으며, 대인 관계가 원만하다. 또한 긍정적이고, '덕분에'라는 말을 많이 사용하고, 심리 정서 회복력이 빠르다. 즉, 자아존중감이 높은 사람들은 상대적으로 타인과 비교하지 않으며, 피해의식이 작고, 자기 주도적 삶을 살아갈 가능성이 높다.

자아존중감이 낮은 사람들은 울타리가 낮고, 자존심이 강하다. 피해의식이 있으며, 사소한 일에도 필요 이상으로 화를 내거나 분노를 표출하며, 자기중심성이 강하다. 과거지향적 사고를 하며 자기합리화를 시키고, '때문에'라는 말을 자주 사용하며, 심리 정서 회복력이 약하다. 즉, 자아존중감이 낮은 사람들은 상대적으로 피해의식이 많고, 과거지향적 사고를 하며, 자기합리화로 인하여 타인과의 관계에 어려움을 겪게 될 수도 있다.

제1부

심리상담의 이해

침묵의 소리

눈을 감으면 내 안의 울림이 다가온다.
들릴 듯 말 듯 속삭이며,
때로는 거칠게, 때로는 부드럽게
아픔을 저미고, 웃음 띠며 다가온다.
오늘도 나는 또 다른 나를 만난다.

밀물처럼 다가오는 침묵의 물가에 홀로 서 있다.
누군가 태초의 모습으로 유혹의 몸짓을 보낸다.
잡으려고 다가가면 멀어지고, 멈추면 서 있다.
닿을 수 없는 영겁의 시간에 가슴앓이를 한다.

켜켜이 쌓인 세월에 부대끼며
다가오면 다가오는 대로
멀어지면 멀어지는 대로
그 소리는 귓가에 어질러진다.
오늘도 나는 침묵의 소리에 귀 기울인다.

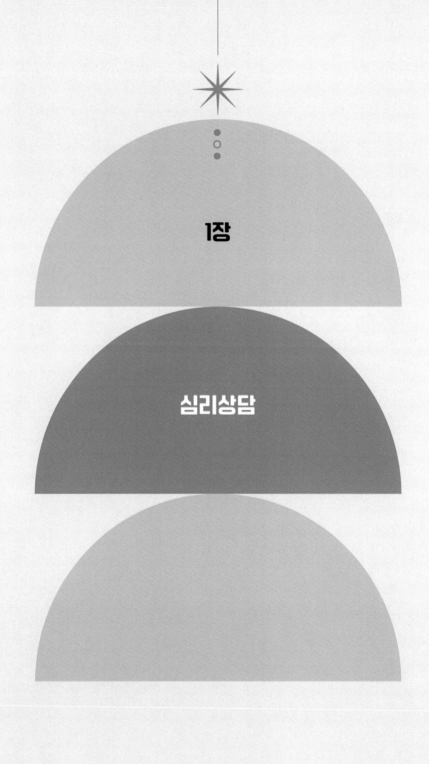

1장

심리상담

1. 심리상담의 개요

　상담은 일반적으로 '과학이 아니고 예술이다'라는 말로 표현하고, 그렇게 알려져 있다. 숙련된 상담 기법이나 기술은 수학처럼 배워서 알 수 있는 것이 아니라 오랜 세월의 수련을 통해서 이론과 임상경험을 통하여 자기도 모르는 사이에 훈습된 것이다. 이러한 보편적 사고는 상담에 대한 기술을 익히려고 하는 우리에게 기술적인 상담이 얼마나 어려운지, 효과적인 결과를 도출해 낼 수 있는 상담은 어떻게 해야 하는 것인지에 대한 방법을 말해 주는 것이다.

　이윤주에 의하면 상담이 전문적 영역일 수 있으려면 상담에 오는 내담자의 특성과 내담자가 원하는 바에 따른 상담 목표를 신속하고 정확하게 달성할 수 있어야 한다. 사실 전문성을 갖추고 경력이 많은 상담자들은 각 내담자에게 효과적인 상담의 방향과 방법을 빠르게 설계하고 실행한다. 상담자라면 누구나 자신이 특정 내담자와의 상담에 적용하는 방법이 다른 방법보다 효과적이라는 타당한 근거를 확보하고 싶을 것이다. 타당한 믿음이 있을 때, 상담자는 자신감을 갖고 내담자에게 자신이 적용하려는 방법을 제시할 수 있을 것이다. 상담자의 근거 있는 자신감은 상담자가 자신에게 적용하는 상담 방법이 효과적일 것이라는 믿음을 갖도록 내담자에게도 영향을 줄 것이다. 전문적인 상담자가 갖게 되는 이러한 믿음은 자신의 임상경험과 연구 결과들에 근거할 때 타당한 것이 된다(이윤주, 2022).

상담자와 일반인이 다른 이유는 상담에 대한 전문성을 가지고 있기 때문이다. 상담자는 상담 전에 어떠한 상담이론과 기법을 적용하든 간에 근본적으로 갖추어야 할 이론적 배경과 이를 적용할 줄 아는 방법론적 근거를 통해 내담자가 기대하는 상담에 대한 욕구를 충족시켜 주어야 한다. 단기상담에서는 내담자의 긍정적 변화가 나타나야 하며, 장기상담에서는 마음의 병의 근원을 제거하여 재발이 일어나지 않도록 치유를 이끌어 내어야 한다. 이를 위해 상담자는 내담자의 핵심감정 안에 내재되어 있는 말속의 말을 찾고 질문을 잘해야 한다.

또한 내담자가 가지고 있는 성격의 특성은 그가 주로 사용하고 있는 방어기제들을 통해서 알 수 있기 때문에 성격 개조를 목적으로 하는 정신분석치료는 곧 방어기제의 재조정, 재분배 작업이라 할 수 있다. 심리상담에서도 내담자의 역기능적 사고가 순기능적 사고로 변하도록 이끌어 내기 위해서는 그가 주로 사용하는 방어기제를 이해하여야 한다.

이와 함께 상담자는 상담 과정에서 특이한 임상적 반응의 전문용어와 관련된 작업을 해야 하기에 이론적 배경이 중요하다. 상담자가 아는 만큼 내담자를 도울 수 있기에 상담 용어의 이해 부족이나 상황의 판단 잘못으로 불필요한 개입을 하게 되면, 그러한 개입으로 인하여 잘 진행되어 가던 상담에서 목표에 대한 초점이 흐려지고 내담자가 기대하고 있는 상담에 대한 욕구를 충족시켜 주지 못하게 된다. 따라서 이러한 오류를 피하기 위해서 상담자는 끊임없는 자각과 통찰을 통하여 역량 강화를 해야 한다.

인간의 정신 건강과 삶의 질 향상을 위한 심리상담은 학교, 기업, 법원, 가족센터, 청소년상담복지센터 등 우리 사회 곳곳에 뿌리를 내리고 있으며, 개인상담, 부부상담, 가족상담, 집단상담 등 상담 관련 수요는 점차 증가하고 있다. 이러한 사회적 요구에 맞추어 상담 기관과 상담자의 책무 또한 중요하게 다루어지고 있으며, 사회로부터 그 역할과 윤리 또한 요구받고 있다.

2. 심리상담의 정의

상담에 대한 정의는 학자들이 접근하는 인간관에 따라 다양하지만 여러 학자들은 상담이 전문적으로 교육과 훈련을 받은 상담자에 의해 이루어지는 전문적 과정이라는 점을 강조한다. 또한 상담자와 내담자의 관계를 기초로 내담자의 문제 해결, 새로운 행동이나 태도의 변화를 통한 내담자의 성장과 발전을 위해 조력한다(신효정 외, 2022: 112). 상담의 정의는 내담자중심상담 접근을 주장한 상담자 Rogers의 글에서 찾아볼 수 있다. 그는 상담을 '상담자와의 안전한 관계에서 과거의 부정했던 경험을 다시 통합하여 새로운 자기로 변화하는 과정'이라고 하였다(김명순, 2001 재인용).

상담은 전문적 훈련을 받은 상담자와 조력을 필요로 하는 내담자가 상담 활동의 공동 주체로서 내담자의 자각 확정을 통해 문제 예방, 발달과 성장, 문제 해결을 달성함으로써 그의 삶의 질을 향상하기 위해 함께 노력하는 조력 과정이다(노안영, 송현종, 2007: 27).

여기에서 조력을 필요로 하는 내담자는 자신의 방법으로 해결하지 못하는 문제를 가지고 있는 사람을 의미하며, 기존의 방법으로는 그 문제를 해결할 수 없는 사람을 의미한다. 또한 전문적 훈련을 받은 사람은 상담에 관심이 있는 사람을 의미하는 것이 아니라 심리상담에 대한 전문적 지식과 기술을 가진 자다. 즉, 전문 상담 과정을 이수한 자를 뜻한다.

따라서 심리상담이란 '삶의 과정에서 경험한 미해결과제, 트라우마(trauma), 걸림 등으로 인하여 심리적·정서적·정신적 어려움을 겪고 있는 내담자의 심인성 질환이 상담을 통하여 단기적으로는 긍정적 변화, 장기적으로는 치유되어 어두운 그림자가 내담자의 삶에 부정적 영향을 미치지 않도록 내성을 강화하여 주는 것'이다.

이와 함께 심리상담의 정의는 '상담자가 내담자의 역기능적인 내적

역동에 대한 통찰을 통하여 자아기능을 강화하고, 현실적이고 수용적인 태도를 배양하며, 자유롭게 일하고 사랑할 수 있는 능력을 형성하고, 긍정적 변화를 통해 보다 성숙한 삶의 실현을 위하여 조력하는 것이다.

3. 심리상담의 목표

심리상담의 목표는 마음의 병, 심인성 질환으로 어려움을 겪는 내담자에게 상담자의 상담이론과 기법을 통해 미해결과제, 걸림 등을 해소하고 삶의 질이 향상되도록 조력하는 것이다.

상담은 일반 대화와는 다르게 어떤 뚜렷한 목표를 지니며, 상담의 목표는 내담자가 호소하는 심리적 불편이나 증상이 경감되는 것과 이 과정에서 내담자가 인간적으로 좀 더 유연하고 합리적이며 성숙한 사람이 되도록 하는 것이다. 상담자는 이와 같은 목표를 충분히 달성하기 위해 필요한 전문적인 지식과 경험을 미리 갖추어야 한다.

생의 경험만 풍부하다고 상담자가 될 수 있는 것은 아니다. 내담자의 심리적 불편이나 증상을 경감시키기 위해서는 내담자가 왜 그런 문제를 경험하는지, 그리고 그런 문제를 효율적으로 해결하는 방법과 절차는 어떤 것이 있는지 충분한 이론적 지식을 갖추고 있어야 한다.

또한 이론적 지식을 실제로 적용해 본 풍부한 경험이 있어야 한다(임향빈, 2018: 156).

개인상담의 목표는 자신의 잠재력을 최대한으로 발휘할 수 있도록 일상생활에서 겪게 되는 다양한 삶의 문제를 해결하고 변화하도록 돕는 데 있다. 그러나 내담자의 연령과 관련되는 발달적 상황, 현재 겪고 있는 문제의 유형, 상담자의 이론적 관점에 따라 개인상담의 목표는 달라질 수 있다(신효정 외, 2022: 114).

상담의 목표는 크게 두 가지로 구분해 볼 수 있다. 상담의 일차적 목표는 현재 내담자가 호소하는 문제를 해결하는 것을 말한다. 그래서 이 목표를 다른 말로 문제 해결적 목표라고 하기도 한다. 그리고 당면 문제 해결을 넘어서 내담자가 좀 더 인격적으로 성숙해지고 유연해지며 자기실현을 하게 되는 것을 상담의 이차적 목표 또는 궁극적 목표라고 한다(김환, 이장호, 2009: 200).

상담의 궁극적인 목표는 인간으로 하여금 자신의 잠재력을 최대한으로 발휘하도록 돕고 일상생활에서 보다 건강하고 행복한 삶을 누릴 수 있도록 도와주는 것이다. 그러나 상담이론이나 내담자의 발달단계, 그리고 내담자가 제시하는 문제의 성격에 따라 상담의 목표는 다르게 진술될 수 있다(김계현 외, 2022: 272-273).

심리상담에서 상담의 목표는 세 가지로 나누어 볼 수 있다. 즉 상담자의 목표, 내담자의 목표, 상담자와 내담자가 합의한 목표로 그 내용은 다음과 같다.

첫째, 상담자의 목표는 내담자의 역기능적 행동을 순기능적 행동으로 변화시키는 것이다. 내담자가 가지고 있는 미해결과제, 걸림으로 인하여 삶의 과정에 부정적으로 작용하는 요인을 상담자가 가지고 있는 이론과 기법 등을 활용하여 어려움을 해소하고 삶의 질을 향상시켜 주는 것이다.

둘째, 내담자의 목표는 초기 면접 때 주 호소 문제와 관련이 있다. 내담자는 상담자와의 면담을 통해 자신이 해결하고 싶은 내용에 대해 이야기하며, 대부분 이것을 상담의 목표로 정하게 된다. 그러나 현재 올라오는 감정에 의하여 표출된 내담자의 주 호소 문제보다도 더 해결하고 싶어 하는 문제를 상담 목표로 제시하기도 한다.

셋째, 상담자와 내담자가 합의한 목표는 상담 과정에서 내담자가 상담의 목표를 잡지 못하거나, 비현실적인 목표 또는 두서없이 장황하게 이야기하거나 많은 목표를 이야기할 때, 상담자는 내담자의 이야기 속에서 말속의 말을 찾아 합의하에 현실적인 상담 목표를 설정하게 된다.

이와 같이 심리상담의 목표는 내담자가 가지고 있는 심리적, 정서적, 정신적 문제나 불편함을 해소하도록 조력하는 것이다. 상담자는 내담자의 주 호소와 목표에 초점을 맞추어 상담을 진행하게 되며, 내담자의 긍정적 변화와 치유를 이끌어 낸다. 상담자의 역할과 상담의 목표에 대해[그림 1]에서 도식으로 나타내었다.

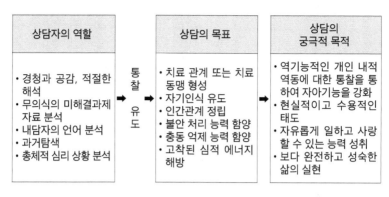

[그림 1] 상담자의 역할과 상담의 목적

- 출처: 임향빈(2018). 단기상담의 이해와 실제, 서울: 북랩. p. 48.

4. 심리상담의 효과

상담 과정에서 내담자는 자신이 경험한 어두운 그림자에 대하여 이야기하고 미해결과제에 대하여 상담을 통하여 도움을 받고 싶다고 이야기한다. 상담자는 지지, 격려, 공감, 경청 등을 통하여 내담자의 주 호소를 경청하면서 말속의 말을 찾고 적절한 질문을 한다. 상담 목표를 정하고 상담 목표에 초점을 맞추어 구조화시켜 상담을 이끌어 가게 된다. 이 과정에서 내담자는 억압된 마음을 표출하게 된다. 상담자는 내담자의 인간관계를 정립시키고, 불안 처리 능력과 충동 억제 능력을 배양하고 고착된 심적 에너지를 해소하도록 조력해 준다. 이를 통하여 역기능적인 개인 내적역동에 대한 통찰을 통하여 자아기능을 강화한다. 현실적이고 수용적인 태도를 배양하고 자유롭게 일하고 사랑할 수 있는 능력을 갖게 되며, 보다 성숙한 삶을 영위한다. 즉, 내담자가 상담받기 이전에 비하여 상담 후 긍정적 변화와 치유가 됨으로써 상담의 효과를 증명할 수 있다.

그러나 내담자의 변화와 치유를 이끌어 내는 것은 쉽지 않은 일이다. 상담자는 오랜 기간 상담에 관련된 수련을 받고 임상적 경험을 통하여 상담에 임하게 된다. 병을 고치는 사람을 의사라고 부르고 병을 잘 고치는 사람을 명의라고 한다. 명의가 되기 위해서는 수많은 임상경험을 거치고, 역량 강화를 위하여 노력해야 한다. 심리상담 역시 마찬가지다. 내담자가 가지고 있는 미해결과제, 걸림 등의 고통으로부터 벗어나도록 조력하는 상담자가 되기 위하여 대학원 과정에 준하는 수준 높은 교육과 수련을 통해 상담 자격증을 취득한 후 상담자로서 자리를 잡게 된다. 상담을 잘하는 상담자는 수많은 임상경험과 자각과 통찰을 통하여 역량 강화를 한다. 이를 바탕으로 단기상담에서는 긍정적 변화, 장기상담에서는 치유를 이끌어 내게 된다.

상담을 받은 어떤 내담자는 상담에 대한 욕구가 충족되지 않아 상담 후 회의적 반응을 보이는 내담자들도 있다. 이들에 의하면 상담은 말로만 하고 끝나기에 상담을 받으나 안 받으나 똑같다는 것이다. 내담자들은 상담료를 지불하고 시간을 내서 상담을 받으러 왔는데 상담에 대한 욕구가 기대했던 만큼 충족되지 않아 실망을 하게 된다. 즉, 상담다운 상담을 받지 않아서 긍정적 변화와 치유가 나타나지 않는 것이다. 상담은 단순히 말로만 하고 끝내는 것이 아니라 내담자가 가지고 있는 어두운 그림자가 상담 후 더 이상 부정적 영향을 미치지 못하도록 조력하는 것이다.

상담의 효과를 세 가지로 비유해서 설명할 수 있는데 첫 번째는 휘어짐과 펴짐, 두 번째는 굴렁쇠, 세 번째는 콩나물시루다.

1) 휘어짐과 펴짐

휘어짐과 펴짐의 비유는 상담자가 지니고 있는 이론과 다양한 기법들을 활용하여 내담자의 굴곡진 부분을 상담자가 따라가면서 바르게 형성하여 주는 것과 관련이 있다. 즉, 역기능적인 개인 내적역동에 대한 통찰을 통하여 자아기능을 강화하는 것이다. 현실적이고 수용

[그림 2] 휘어짐과 펴짐

적인 태도를 배양하여 그가 사는 사회에서 구성원의 일원이 되어 더불어 살아가며, 휘어진 곳을 바르게 펴서 보다 성숙한 삶을 실현하도록 한다.

2) 굴렁쇠

두 번째는 굴렁쇠의 비유이다. 내담자는 마음의 병, 심인성 질환으로부터 벗어나고자 상담자를 찾아온다. 상담 과정에서 호전되는 것처럼 보이다가 문제의 진원지로 되돌아가면 다시 증상이 시작되고, 상담을 받으면 호전되는 것을 반복하게 된다. 굴렁쇠가 굴러가듯이 일정 시간이 흐르면서 회복하게 된다.

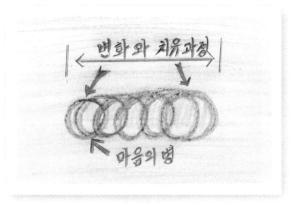

[그림 3] 굴렁쇠

3) 콩나물시루

세 번째는 콩나물시루의 비유이다. 콩나물시루에 물을 주다 보면 다 흘러내려간 것 같지만 일정 시간이 흐르면 콩나물이 자라 있는 것을 알 수 있다. 이와 같이 내담자의 마음의 병이 자리 잡아 표출되기까지 일정한 시간이 걸리듯이 증상이 회복되기 위해서는 그만큼 시간이 필요하다. 즉, 물을 주고 콩나물이 자라는 시간이 필요한 것이다.

[그림 4] 콩나물시루

5. 일반상담과 심리상담

1) 일반상담

일반상담은 상담을 하는 내용에 대해서 전문 지식을 갖추고 있는 전문가가 상담을 받으러 온 사람을 면담하는 것이며, 변호사나 공인 회계사, 건축가, 또는 의사가 그의 전문성을 동원하여 기대하고 찾아 온 내담자에게 어떤 형태의 도움을 주는 것이다.

전형적인 의학적 상담 또는 면담은 고통을 겪고 있는 사람이 구제를 원하고 다른 쪽의 사람은 구원을 제공하는 것을 목적으로 한다. 고통을 덜기 위한 도움을 얻으려는 희망이 환자로 하여금 부끄러움 없이 자신을 노출할 수 있게 하고 모든 것을 다 말할 수 있게 하는 동기를 부여한다.

이러한 것을 가능하게 한 것은 의사와 환자 사이에 놓여 있는 비밀을 보장한다는 묵시적인 언약에 의해 촉진되어진다. 환자의 생각에 의사가 도움을 줄 수 있는 잠재적인 능력을 가지고 있다고 생각하고, 환자는 가지고 있는 어려움에 대한 모든 것을 자유스럽게 말할 수 있는 용기를 갖게 한다. 그러므로 의사는 환자가 겪고 있는 고통에 관한 거의 대부분의 정보를 입수할 수 있게 된다.

이 밖에도 일반상담은 답을 구하러 오는 내담자에게 답을 제공하는 전문가와의 관계를 말한다. 다시 말해서 문제를 가진 내담자는 그 문제에 대한 답을 구하기 위해 전문가를 찾아오고, 문제를 가지고 찾아온 내담자를 맞이한 전문가는 내담자가 가지고 온 문제에 대한 답을 알고 있는 것만큼 말해 주면 된다(임향빈, 2014: 49-50).

일반상담은 상담을 하는 내용에 대해서 전문 지식을 갖추고 있는 전문가가 상담을 받으러 온 내담자를 면접하는 것으로써 심리상담과는 다른 형태의 상담을 말한다. 이러한 상담은 우리 주변에서 이미 보편적으로 널리 사용되고 있으며, 일상생활에 깊이 자리 잡고 있다. 유학을 가기 위하여 유학상담, 군에 입대하기 위하여 병무상담, 대출을 받기 위한 대출상담, 법률적 도움을 받기 위하여 법률상담, 미용을 위한 미용상담 등 그 영역은 다양하다는 것을 알 수 있다.

따라서 전문가의 도움으로 인하여 상담 욕구가 충족되어 원하는 결과가 나타나면 그로 인하여 삶의 질이 높아진다. 그러나 원치 않은 결과가 나타났을 때 그로 인한 후유증은 내용에 따라 심각한 결과를 초래하게 되며, 때로는 마음의 병, 심인성 질환으로 나타나기도 한다.

2) 심리상담

일정한 요건의 자격을 갖춘 사람이 특정 내용에 대해 전문적인 방법으로 하는 대화 또는 면담을 상담이라고 한다. 소정의 교육 또는 훈련을 받고 자격증을 취득한 의사가 환자를 진단·처방·치료했을 때 비로소 진료라 하고, 교사 자격증을 취득한 교사가 학교에서 교과목을 가르치는 것을 수업이라고 하는 것처럼, 상담도 전문기관에서 일정 기간 교육과 훈련을 받은 상담자가 조력하는 활동을 의미한다(김춘경 외, 2010: 17).

상담이라는 학문이 성장하면서 상담의 중요한 주체인 상담자도 성장하고 자라는 존재라는 것을 확인하게 된다. 지적 논의로 이루어진 이론으로서가 아니라, 한 사람의 초심 상담자가 성숙한 상담자로 만들어지는 과정 및 대가로서의 명성을 얻으며 발달하는 과정들을 경험하면서 상담자 발달에 대한 경험적이고 체계적 이해를 추구하는 것은 상담이라는 학문적 발달 과정에서도 자연스러운 현상이다(권경인, 김창대, 2020: 20).

심리상담자가 추구하는 정신병리를 위한 심리상담은 일반상담이나 의료상담과는 여러 측면에서 다른 상담이다. 정신병리를 위한 임상적인 문제를 다루는 상담자는 대인 관계 분야의 전문성을 가지고 있어야 한다. 정신적 어려움으로 도움을 받으려 하는 내담자는 상담을 잘하는 전문성을 가진 상담자를 원한다. 상담자는 상담 과정에서 말속의 말을 찾고 적절한 질문과 다양한 기법 등을 통해 전문성을 증명한다.

일반적 의료상담에서는 환자 자신이 가지고 있는 육체적인 증상을 의사에게 말함으로써 의사가 자기의 병을 잘 이해할 수 있고, 적절한 치료적 조치를 할 수 있을 것이라고 믿는다. 환자는 그의 병과 관련해서 그 자신이 생각하는 것을 의사에게 이야기한다. 그러나 정신적인 증상들은 육체적인 증상과는 달리 자아의 방어적 기능과 무의식적인 심리적 갈등들을 포함한다. 더욱이 이러한 갈등들을 인식하지 않음으로써 자기 자신을 방어하려 하는 정신 문제를 가진 환자들은 자기 자신이 알고 있는 문제까지도 상담 과정에서 제대로 말하지 않고 숨기려 하는 경향을 갖는다. 환자는 자신이 겪는 고통으로부터 자신을 구제하고자 하는 강한 동기를 가지고 있음에도 불구하고 그 자신의 정신 내부에서 느끼는 모든 느낌들과 정신적 혼란을 갖게 한 근본적인 원인을 감추고자 하는 강한 동기를 갖는다. 환자가 그 자신의 정신세계에 깔려 있는 방어들을 직관하기를 두려워하는 것은 상담 장면에서 감추고자 하는 것뿐만이 아니다. 사람들은 타인에게 좋은 인상을 주려 하는 본능적 욕구인 페르소나(persona)를 가지고 있다.

내담자는 상담자로부터 좋은 인상과 관심을 받고자 한다. 그러나 내담자가 그의 정신질환의 증상과 관련해서 상담자의 부정적인 태도와 편견을 가지고 있다고 느껴지거나, 자기가 가지고 있는 증상 때문에 인간적인 대우를 받을 수 없을 것이라는 의심이 생길 때에는 자신이 노출하는 정신적인 문제에도 불구하고 상담자의 관심을 잃지 않을 것이라는 확신이 들 때까지 내담자는 그의 증상과 관련된 것들을 말하지 않는 경향이 있다.

심리상담은 내담자와 상담자 사이의 관계를 발전시키는 것을 말한다. 내담자는 자신이 가지고 있는 미해결과제, 걸림 등에 대하여 상담자가 해결해 줄 수 있는 실력이 있다고 믿고 찾아온다. 상담 과정에서 내담자는 상담 욕구가 어느 정도 충족되었는가에 따라 상담의 질을 인정하는 태도가 달라진다. 상담자가 하는 말이나 태도에 대하여 생각하게 되며, 때로는 의구심을 갖게 된다. 내담자는 자문자답을 하고 이러한 과정은 상담이 진행되는 동안 지속적으로 일어나게 된다.

다시 말하자면, 상담 과정에서 상담자가 내담자를 탐색하고 분석하듯이 내담자 역시 상담자를 탐색하고 분석한다. 내담자는 자신이 가지고 있는 어려움을 해소하는 데 상담자가 도움이 되는지, 편견을 가지고 대하지 않는지에 대하여 살펴본다. 믿음과 신뢰가 형성되지 않았을 때 상담 과정에서 내담자에게서는 심리적 저항이 일어난다. 즉 회의적 반응이나 침묵, 단답형으로 대답, 냉소적 반응, 상담 시간에 늦거나 상담을 중단하는 등 다양하게 나타난다.

심리상담은 내담자의 무의식에 고착된 미해결과제를 치유하여 심리적·정서적으로 평안을 얻도록 하고 그가 사는 사회에서 원만한 삶을 살아가도록 하는 데 있다. 이와 함께 내담자가 가지고 있는 심리·정신적 문제나 불편함을 극복할 수 있도록 돕는 것이다(임향빈, 2014: 249).

인간은 생후부터 현재까지 삶의 과정에서 다양한 경험을 하면서 성장한다. 이러한 경험은 무의식에 자리 잡고 있다가 연상 상황, 연상 기억에 의하여 의식 위로 올라오게 된다. 연상 상황, 연상 기억의 예를 들면 50대 중반의 어느 내담자가 어린 시절 양육자로부터 학대와 폭행을 당하여 병원에 입원하여 치료를 받았던 경험이 있었다. TV를 켰는데 양육자가 아이를 심하게 폭행을 하는 장면을 보게 되었다. 이 장면을 본 내담자는 어린 시절 자신이 겪은, 생각도 하기 싫을 정도로 애써 잊고 있었던 양육자의 폭행이 엊그제 경험한 것처럼 생생히 떠오르게 되었다. 이를 잊고자 혼자 술을 마시든가, 친구와 이야기하면서 어두운 그림자로부터 벗어나고자 한다.

임종렬에 의하면 한계점에 의한 기능의 장애는 사람이 과거에 있었던 괴로웠던 사실에 의해서 상처가 난 기억소의 상처를 건드렸을 때 상상할 수 없을 정도로 자제력을 잃고 행동하는 것에서 볼 수 있다. 이런 사람의 정신은 어떤 충격적인 사건에 의해서 심한 상처를 받았거나 아니면 아주 불행한 어린 시절을 보낸 고통에서 헤어나지 못하고 있다고 보아야 한다. 어떠한 형태로든지 이 아픈 곳을 건드렸을 때는 상처 난 곳이 다시 열린다. 그래서 이 사람은 강하고 비이성적인 감정을 폭발시킨다(임종렬, 2000: 243).

따라서 성장 과정에서 크고 작은 마음의 상처가 있다면 올라오는 횟수가 증가하여 우울, 조울, 과잉행동장애 등 심인성 질환으로 자리 잡게 된다. 이를 해소하고자 자신이 아는 방법대로 노력하다가 호전이 안 되니까 이를 해결하고자 심리상담을 받으러 상담센터를 찾게 된다.

상담자는 이러한 내담자의 주 호소 문제와 상담의 목표에 초점을 맞추어 상담의 내용을 초기, 중기, 종결기로 구조화하여 진행하게 되며, 내담자가 상담에서 기대하는 상담 욕구를 충족시켜 주어야 한다. 이를 위하여 상담자는 상담을 체계적으로 배워야 한다. 이론적 배경이 없는 임상경험은 사상누각에 불과하기 때문이다. 상담에서의 기법 사용은 상담자의 이론적 모형과 밀접한 관련이 있다. 상담자는 상담 과정에서 어떤 기법과 절차와 개입 방식을 사용할 것인지에 대하여

적용할 근거를 가지고 있어야 한다. 그리고 그 기법의 적합한 사용을
위하여 훈련을 받아야 한다.

6. 우리나라의 심리상담

한국의 근대 의학사에 대한 연구가 적지 않게 이루어져 왔으나 이
들은 대개 당대 의료의 제도적 측면을 주로 다루거나 의학 교육 일
반 혹은 의료기관의 역사 등을 다룬 것으로, 개별적인 의학 분야의
역사를 다룬 경우는 많지 않았다. 물론 각 의과대학의 교실사나 여
러 학회사에서 해방 이전 시기 해당 분야의 역사를 일종의 전사(前史)
로서 다룬 경우는 적지 않으나 이를 논문의 형태로 체계화하여 발표
한 경우는 드물다. 그에 비하면 정신의학 분야는 다소 예외적으로 한
국 근대 정신의학의 역사를 본격적으로 다룬 연구들이 많지는 않지
만 발표되어 왔다. 한국의 근대 정신의학, 특히 일제 강점기의 정신의
학은 크게 보아 두 줄기로 이루어져 있다. 그 한 줄기는 식민 지배의
주체인 일제가 설립한 총독부의원, 경성의전, 경성제대의학부 등 관립
기관을 통한 흐름이고 다른 한 줄기는 사립인 세브란스병원과 의학전
문학교를 통한 흐름이다. 선교 의료기관이었던 세브란스는 여러 가지
면에서 일제의 관립 의료기관들과는 다를 수밖에 없었는데 특히 정

신의학 분야에서 이러한 차이는 두드러졌다. 세브란스 정신과는 강한 인도주의적 성향을 가졌는데 이는 세브란스가 기독교 기관이었다는 점에서도 유래하지만 세브란스 정신과를 만들었던 맥라렌(McLaren)이라는 인물이 가졌던 사상과 강한 개성에 기인한 바도 크다(여인석, 2008: 57).

손재구(2022)에 의하면 1908년 9월 17일에 발행된 황성신문 제3면에는 이화학당의 신입생 모집 광고가 게재되었는데, 여기에서 이화학당의 정규교육 과정에 심리학과 교육학이 개설되었음을 확인할 수 있다. 이처럼 조선 말기에 선교사들이 세운 학교인 세브란스의학교, 연희전문학교, 이화학당 등에서 심리학을 가르치기 시작하였지만 이 시대는 Freud(프로이트)가 자신의 이론을 책으로 출간하기 시작하던 시기였다. 1911년에는 호주의 신경정신과 의사인 McLaren이 한국에 의료 선교사로 입국했고, 1913년부터 진주의 배돈병원에 재직하면서 세브란스의학교에서 신경학, 정신의학을 가르쳤다(여인석, 2008). McLaren은 신경학과 정신의학을 모두 가르쳤으나 정신의학에 더 초점을 두었으며, 인문학 전반에 대한 깊이 있는 이해를 바탕으로 정신의학의 문제를 인간 영혼의 문제로 보았다(여인석, 2008). 그는 기독교적인 관점에서 심리치료를 이해하려고 노력했고, 당시 빈(Vienna)에서 활동하던 Freud의 정신분석이론과 함께 Adler의 개인심리학이론까지도 소화하고 있었다(여인석, 2008, 손재구, 2020: 47 재인용).

McLaren은 일제총독부 산하 병원의 강제적인 감금 및 격리 조치와는 달리, 기독교적인 인도주의에 근거하여 정신질환자들에게 심리치료를 시행하고자 했고 환자를 2~3시간씩 볼 때도 있었다(여인석, 2008). 이는 환자들에게 심리치료를 제공한 것으로 볼 수 있다. McLaren은 1923년에 세브란스 정신과의 전임 과장이 되어 1938년까지 재직했다(여인석, 2008). 일제 강점기 시기의 경성제국대학 철학부에서도 심리학 과목이 개설되었는데, 당시 심리학을 가르치던 일본의 심리학자들은 독일의 실험심리학의 학문적 전통을 따르는 사람들이었다. 경성제국대학에서 심리학을 전공한 한국인들이 해방 이후 1946년에 조선심리학회를 창립하였고, 이는 1948년에 이름을 대한심리학회로 바꾸었다가 1953년에 한국심리학회로 다시 바꾸었다(손재구, 2020: 47).

박기영, 송진영에 의하면 조선 말기에 미국의 선교사들에 의해 본격적으로 미국의 문물이 들어오기 시작하였다. 1884년 12월 갑신정변 이후, 당시에 고종의 신뢰를 받은 선교사이자 의사였던 Allen(알런)에 의해 1885년 4월에 현재의 세브란스병원인 제중원이 설립되어 서양 의학을 통한 환자들의 진료가 시작되었다. 제중원은 환자를 진료하는 병원이면서 동시에 의학 교육기관으로도 활용되었으며, 한 해 동안의 진료 보고서도 출간하였다. 그 보고서에 따르면 신경계 질환 중 정신병, 히스테리, 불면증 등에 대한 진료 기록도 있었다(최재건, 2015). 또한 1908년 9월에 이화학당의 정규교육 과정에 심리학과 교육학이 개설되었다. 이와 같이 조선 말기에 선교사들이 세운 세브란스의학교, 이화학당, 연희전문학교 등에서 Freud의 이론을 토대로 심리학 과목을 가르치기 시작하였다. 국내에서 상담학을 정규과목으로 해서 본격적으로 가르친 것은 연세대학교의 전신인 연희전문학교에서 1952년 이환신 교수가 강의한 '문의학' 과목이다(권수영, 2018). 이러한 교육과 더불어 실제로 심리상담을 제공하기 위한 노력도 이어졌다. 미국의 선교사인 반피득(Peter van Lierop) 교수는 1968년에 연세대학교에 상담소를 개설하였다. 이로써 본격적으로 대학에서 상담 서비스가 시작되었다(박기영, 송진영, 2022).

또한 김계현 외에 의하면 우리나라의 상담과 생활지도는 그 출발이 8·15 해방 직후 도입된 미국의 교육제도 및 사상과 무관하지 않다. 즉, 초기에는 미국 학교의 생활지도 개념과 상담 서비스 체제를 모방하여 우리나라 학교에서도 유사한 개념의 상담 활동을 시도하였다(김계현 외, 2022: 19).

우리나라에서 상담에 대한 논의가 시작된 것은 해방과 더불어 구미의 교육사상이 도입되면서부터다. 1958년 최초로 교도교사 강습이 시작되었고 1962년에는 서울대학교와 이화여자대학교에 학생생활연구소가 창립되었다. 그리고 이어 주요 대학의 교양과목으로 상담심리학 강좌가 개설되었다. 1970년대에는 상담자의 전문적 자질을 높여야 한다는 목소리가 높아지면서 상담전공의 대학원 과정이 개설되었고, 한국심리학회 안에 임상심리분과회가 창립되어 전문가 자격증 제도가 실시되었다. 또 1987년에 상담 및 심리치료학회가 임상심리분과회에서 분리·독립한 이후로는 상담을 전공하거나 상담 활동에 종사하는 사람들의 숫자도 급격히 증가하였다(이장호 외, 2008: 5).

따라서 앞서 살펴본 바와 같이 우리나라 심리상담의 흐름을 살펴보면 다음과 같다. 1885년 병원이면서 의학 교육기관인 제중원의 보고서에 마음의 병, 심인성 질환에 대한 진료 기록이 있다. 1908년 9월에 이화학당의 정규교육 과정에 심리학과 교육학이 개설되었다. 이후 1952년에 연희전문학교에서 '문의학' 과목으로 상담학을 정규과목으로 가르치기 시작한 이후 양적, 질적으로 성장을 이루게 되었으며 활동 범위는 점차 확대되고 있다.

내담자의 미해결과제, 걸림, 어두운 그림자 등의 해소를 위한 심리상담은 개인상담, 부부상담, 가족상담, 집단상담 등으로 나뉘어져 있다. 상담자의 활동 영역으로는 상담센터, 병원, 법원, 가족센터, 청소년상담복지센터, 군상담(병영생활 전문 상담관), 교원치유지원센터 등 우리 사회 곳곳에서 그 역할과 상담의 필요성은 점차 증가하고 있다.

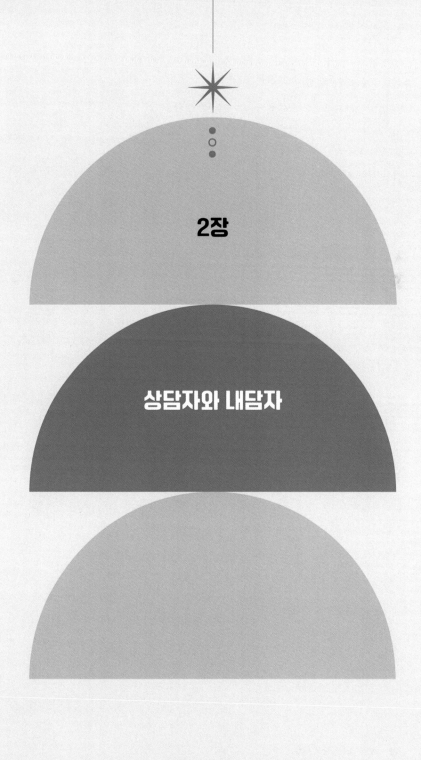

2장

상담자와 내담자

1. 상담자

1) 상담자의 이해

상담자는 내담자가 가지고 있는 어려움을 해소할 수 있다는 믿음과 신뢰를 주어야 하며, 내담자는 상담자가 자신의 어두운 그림자로부터 벗어날 수 있도록 도와줄 수 있는 전문가라는 믿음과 신뢰가 형성되어야 한다. 상담자는 자신이 알고 있는 이론과 기법을 활용하여 내담자의 변화와 치유를 위하여 조력한다.

상담자는 내담자의 증상을 제거할 수 있는 방법을 모색하고, 만족스러운 결과를 가져올 수 있도록 상담을 진행시켜야 한다. 이러한 상담의 목적을 달성하기 위해서 상담자는 내담자를 아프게 하고 좌절시키며 갈등을 불러일으키는 문제라고 할지라도 그러한 문제를 제거하기 위한 상담에 적극적으로 참여할 수 있도록 독려하고 지지하여야 한다.

생활에 방해가 되고 원하지 않는 증상을 개선하는 데 있어서 상담자는 내담자로 하여금 심리적 방어와 적응의 방법들을 재조직하게 하고 이를 강화할 수 있도록 조력하여야 한다. 내담자는 억압이나 격리를 통해 자신을 방어하는 대신에, 위협을 하는 느낌을 직접 또는 스스로의 심리적 조건반사를 이용해 받아들이고 이해할 수 있도록 도움을 받아야 한다. 이러한 감정이 노출되고 위험스러운 것이 경감되었을 때 내담자는 억압이나 격리되고 싶은 요구로부터 벗어나게 된다. 내담자가 억압이나 격리를 스스로 수용하고, 현실을 직시하고, 고착된 심적 에너지를 해소할 수 있는 성숙한 능력을 갖게 되었을 때는 변화와 치유의 효과가 나타나기 시작한다.

상담자는 인간적 성장을 해야 한다. 과거의 문제의식을 해결 또는 승화하여 현재의 삶에 걸림이 되어서는 안 된다. 또한 상담자는 즐거운 경험을 많이 하고 내 안에 좋은 것을 많이 가지고 있어야 하는데, 이는 상담 중 내담자에게 영향을 미치기 때문이다. 즉, 상담자가 아는 만큼 내담자와 가족 구성원들에게 도움을 줄 수 있기 때문이다.

2) 상담초심자

상담초심자는 상담 과정에서 심리검사를 하기도 하는데, 검사 도구 중 내담자의 심리적 상태가 그래프로 나타나는 것을 보고 보다 더 신뢰감을 갖기도 한다. 그러나 검사 도구의 특성과 임상경험이 쌓일수록 척도와 척도 간의 관계를 알 수 있고 그 척도 간에 다양한 연관성이 있다는 것을 인식하게 된다.

상담은 내담자가 제공한 문제를 풀 수 있는 단서들을 중심으로 해서 효과적으로 조직되어야 한다. 정신병리적 검사에 의해서 갖게 된 개념을 중심으로 해서 문제를 해결하려고 해서는 안 된다. 상담초심자들이 가지고 있는 진단에 대한 태도는 일반적으로 그들이 내담자를 만나기 전에 이미 가지고 있었던 진단적 선입견이 그들의 진단 과정에 영향을 미친다.

상담자의 선입견이 영향을 미칠 수 있는 것은, 초기상담을 통해서 이끌어 내야 하는 중요한 정보를 제대로 끌어낼 수 없다는 데 있다. 이는 내담자의 말이 들리지 않기 때문이다. 말이 들려야 말속의 말을 찾고, 적절한 질문을 하고, 구조화시키고, 상담 목표에 초점을 맞추어 내담자 중심의 상담을 이끌어 갈 수 있기 때문이다.

상담초심자는 상담 과정에서 경험이 있는 동료보다 더 많이 불안을 느끼고 긴장을 한다. 그의 불안감을 줄이기 위해서 활성화된 방어기제는 내담자의 감정적 반응에 적절히 대처하지 못하게 한다. 임상경험의 부족으로 인하여 불확실성이 많은 경우에 상담의 구조화는 어떻게 해야 하는지, 직면은 언제 시켜야 하는지, 변화와 치유에 대한 확신을 언제 주어야 하는지 잘 모를 수 있을 뿐만 아니라 이러한 작업을 하는 것이 어렵게 느껴질 수도 있다. 또한 내담자가 요구하는 것을 상담자가 허락할 수 없다고 말할 수 없다면 이는 곧 그의 내담자를 불쾌하게 만드는 것에 대해 두려워한다는 것을 의미한다. 그러나 자기 신념이 없는 상담초심자일지라도 내담자의 두려움을 이해하고 수용하고 그의 마음을 어루만져 준다면 신뢰를 얻을 수 있다.

임향빈에 의하면 상담초심자들의 성향은 지나치게 많은 질문을 해서 내담자의 사고 진행을 방해한다는 점이다. 그러나 경험을 쌓게 되면 그가 질문한 것에 대해서 내담자의 대답 여부를 알 수 있게 되고, 때로는 더 많은 이야기를 계속할 수 있도록 가벼운 용기를 줄 수도 있다. 전문 상담자로서 확신이 생기면 내담자가 말하는 내용을 들을 수 있게 된다. 그리고 말속의 말을 찾게 되고 내담자의 마음을 힘들게 하고 있는 부분에 관해서 구체적으로 말할 수 있도록 지지하고 독려하게 될 것이다. 이와 함께 경험이 없는 상담자라 할지라도 지도감독자 밑에서 철저한 지도감독을 받는다면, 상담 경험이 많은 유능한 상담자가 상담을 하는 것처럼 수준 높은 상담을 할 수 있다. 그러나 정신병리를 위한 상담에 대한 지도감독은 일률적으로 할 수 없다. 그러기 때문에 상담하는 기술을 습득하기 위해서는 여러 해가 걸린다(임향빈, 2014: 78-79).

상담초심자는 올바른 슈퍼바이저의 지도 내용에 따라 상담을 하게 되면 고급상담을 할 수도 있다. 내담자와 상담을 하면서 이해가 안 되거나 방향을 잡지 못하는 경우 슈퍼비전을 받음으로써 상담 목표에 초점을 맞추어 이끌어 나가게 된다. 상담자로서의 자기 이미지는 그의 슈퍼바이저와의 동일시를 통하여 얻어진다. 상담초심자는 간혹 자기가 존경하는 지도감독자의 몸짓이나 태도, 그리고 목소리까지 모방하는 경향이 있다. 이러한 동일시 이후 여러 해가 지난 후에 상담자가 그 자신의 스타일을 정립하고 그 정립된 스타일과 자기의 이론이 통합될 때까지 복잡하고 다양한 형태를 거치게 된다.

3) 상담자의 역할

상담자는 내담자들이 울거나, 분노 또는 화를 표현할 때 내담자 목소리의 특성에서 분명한 정서적 균열을 인식한다. 내담자가 자신의 감정과 접촉하고 있다는 또 다른 증거는, 강렬한 감정의 표현 또는 생생하고 독특한 언어를 사용한다는 것이다. 이때 상담자가 공감적으로 긍정하고 내담자의 경험을 받아들이고 인정하면서 비난이나 부끄러움에 대한 두려움 없이 자유롭고 개방적으로 자신의 느낌을 경험할 수 있는 안전한 장소를 제공하는 것이 중요하다. 상담자가 내담자의 느낌을 매우 깊게 탐색하거나 그들의 강렬한 감정에 도전하는 것은 안 된다. 상담자는 열린 자세로 내담자의 고통과 취약함의 표현을 받아들인다(Elliott et al, 2005: 119).

상담자의 역할 중에서 중요한 부분은 내담자의 말을 경청하고 이해하는 것이다. 내담자가 하는 말을 들으면서 지지, 격려, 공감을 하면서 고개를 끄덕이거나 부드러운 목소리로 표현해 준다면 내담자와의 관계형성에 도움이 된다. 상담자는 내담자에 대한 선입견을 가지지 말아야 하며, 비판단적이어야 하고, 관심을 보여야 하며, 친절해야 한다. 상담자는 자주 질문을 해야 하고, 탐색을 통하여 필요한 정보를 수집하여야 한다. 또한 내담자의 문제를 올바르게 이해하고 있어야 한다. 질문은 내담자의 긍정적 변화와 치유를 위한 질문이 되어야 한다. 이는 내담자의 병리적 증상과 관련된 것을 암시하는 것일 수 있고, 목소리 그 자체가 전문가로서의 질을 함축하고 있어야 한다. 이를 통하여 내담자가 원하는 말이나 하고 싶었던 말을 허용한다는 암시가 내담자에게 전해져야 한다.

상담자는 은유적이고 노골적인 암시를 할 수 있다. 상담자의 암시는 언제나 내담자가 보다 더 좋은 결과를 도출해 낼 수 있는 상담을 받고 있다든지, 받을 수 있다는 것을 기대해도 된다는 것을 전할 수 있어야 한다. 상담자가 던지는 질문은 꿈이나 그 밖의 관심사를 이야기하는 기대가 들어 있다는 느낌을 줄 수 있다. 심리치료에 있어서 상담자는 어떤 중요한 결정에 대해서 그 결정을 행동으로 옮기기 전에 논의를 해 보자는 암시를 할 수 있고, 내담자의 과거에 있었던 중요한 사람에 대한 어떤 느낌에 대해서는 논의해서는 안 된다는 암시를 할 수 있다(임향빈, 2014: 81-82).

상담자는 내담자가 현재 처해 있는 상황을 이해하고, 불안한 심리현상을 제거하고, 자신감을 가질 수 있도록 지지와 격려의 말을 해 주는 것이 바람직하다. 동시에 상담자는 내담자의 증상을 제거할 수 있는 방법을 모색하고, 만족스러운 결과를 가져올 수 있는 상담을 진행시켜야 한다. 이러한 상담의 목적을 달성하기 위해서 상담자는 라포형성이 충분히 되었다고 판단되면 내담자의 변화와 치유를 위하여 걸림, 미해결과제 등에 직면시켜야 한다. 상담자가 아픈 부분을 건드리기 때문에 직면에 처한 내담자에게는 역동이 일어나며, 때로는 액팅 아웃(acting out) 하기도 한다. 상담자는 직면을 통한 둔감화 작업을 반복적으로 하게 되며, 이 과정에서 내담자 스스로 자각과 통찰이 일어나도록 유도하여야 한다.

고착된 심적 에너지 해소와 역기능적인 개인 내적역동에 대한 통찰을 통하여 자아기능을 강화하고 현실적이고 수용적인 태도를 배양하게 된다. 이를 통하여 내담자는 긍정적 변화와 치유가 나타나게 되며, 미해결과제와 걸림 등이 해소되고 상담에 대한 욕구가 충족된다. 그러나 상담 과정에서 하는 질문, 직면, 다양한 기법 등은 내담자의 변화와 치유를 위한 것이지, 상담자의 역량 강화를 위한 것이 아니다.

상담자는 내담자의 반응에 민감하게 대처하여야 한다. 비반응적인 상담자는 부적절한 인상을 갖게 할 수 있다. 예를 들면 내담자가 "우리 아이들의 사진을 한번 보시겠습니까?"라고 물었을 때 상담자가 이것도 저것도 아닌 엉거주춤한 반응을 보인다면 내담자는 무관심한 상담자의 태도를 경험하게 될 것이다. 만일 내담자가 건네준 사진을 보고 상담자가 아무 말도 없이 그 사진을 돌려준다면, 내담자는 상담자로부터 관심을 못 받는다고 느끼거나 따뜻한 감정을 느끼지 못하게 될 것이다.

그러나 상담자가 그 사진 속에 들어 있는 아이들이 누구를 닮았다든지, 사진 속의 사람들에 대한 느낌을 말한다든지, 그것도 아니면 그 사진을 보여 준 내담자의 관심에 대해 정중한 예의를 표시한다든지

하면, 내담자는 상담자로부터 관심을 받고 있다는 생각이 들면서 보다 더 믿음과 신뢰가 생기게 될 것이다. 따라서 상담자는 내담자와의 관계를 향상시키려는 노력이 있어야 하며, 인간미가 넘쳐야 한다.

여기서 인용한 사례는 피해의식으로 대인 관계의 어려움을 겪고 있는 내담자의 상담 내용 중 일부를 발췌한 것이다.

내담자는 기타를 가지고 상담실에 들어섰다. 상담자가 자리에 앉자마자 오늘 상담 끝나고 친구들과 기타 연습을 하기로 하였고, 기타는 오래전부터 즐기던 악기인데 요즘 연습을 잘 하지 못했다고 하였다.

상담자는 내담자의 언어적, 비언어적 행동에 관심을 보여야 하며 그러한 행동을 하고자 하는 의미를 파악하여야 한다. 내담자는 자신이 기타를 취미로 치고 있으며 상담자로부터 인정을 받고 싶어 하였다.

내담자의 이러한 행동은 성장기와 관계가 있다. 이는 양육자로부터 원하는 사랑을 받지 못하여 성인이 된 이후에도 인정 욕구를 충족하고자 노력을 한다. 이들의 특성은 가깝고 친숙한 사람이라고 생각되면 의존하고, 매달리고, 자신의 행동을 합리화시키고 인정받고자 하려는 성향을 표출하기도 한다. 상담 도중에 내담자는 기타를 치면서 노래하였다.

(전략)

상담자: 오늘 기분이 좋아 보이네요. 좋은 일 있나 봐요.

내담자: 예(웃으면서).

상담자: 기타도 가져오셨네요.

내담자: 예, 상담 끝나고 친구들과 만나기로 했어요. 기타 치고 노래하는 모임이에요. 내가 연습한 곡을…. 그래서 가지고 왔어요.

상담자: 기타를 잘 치나 봐요.

내담자: 기타는 오래전부터 하였고 노래는 잘 못해요. 상담 끝나고 집에 갔다 모임 가기에는 시간이 부족해서요.

상담자: 아, 그래서 가지고 왔네요.

내담자: 예(웃으면서).

상담자: 그럼 한 곡 들어볼 수 있을까요.

내담자: 기타로….

상담자: 예, 친구들 앞이라고 생각하고 한번 연주해 보시죠.

내담자: 아직 미숙한데요.

상담자: 괜찮아요.

내담자: (기타를 치면서 노래를 하였다) 더 연습을 해 가지고 해야 되겠어요. 잘 안 되네….

상담자: 잘하셨어요. 굉장히 잘하시는 거예요. 이 정도로 이렇게 잘하시는 건 대단하신 거예요.

내담자: 정말요…(웃으면서). 사실은 노력을 많이 했어요. 칭찬해 주셔서 감사해요.

(후략)

내담자는 자신의 행동에 대해 상담자에게 인정받고 싶어 하였다. 이는 상담자와 관계형성이 잘되고 있으며, 믿음과 신뢰가 형성되어 의지하고 있음을 알 수 있다. 상담자는 지지, 격려를 통하여 내담자의 인정 욕구를 충족시켜 주었다.

4) 상담자의 자질

상담자는 인간적 자질과 전문적 자질을 갖추어야 한다. 인간적 자질이란 상담자로서 갖추어야 할 사람됨의 특징을 의미하며, 내담자와의 진정한 인간관계형성과 내담자에게 영향을 미칠 수 있는 인성적 특성을 의미한다. 전문적 자질이란 상담 활동을 수행하는 데 요구되는 전문적 지식과 기술을 갖추었는지의 여부를 의미한다(임향빈, 2014: 14).

(1) 인간적 자질

상담 방법이나 기법만으로는 문제의 해결을 기대하기 어렵다. 예를 들어, 고장 난 시계를 고치는 사람에게 필요한 것은 시계 수리에 관한 전문적 지식(즉, 문제 해결 방법 또는 기법)뿐이다. 그 사람이 사악한 사람이든 온화한 성품의 소유자든 그것은 그다지 중요하지 않다. 시계에 대한 해박한 지식과 기술만 가지고 있으면 고장 난 시계를 충분히 수리할 수 있기 때문이다. 즉, 시계 수리에 있어서 훌륭한 인격은 필수적인 것이 아니다. 그러나 고장 난 것이 물건이 아니고 사람 자체라면 이야기는 크게 달라진다. 상담의 경우, 문제를 겪고 있는 것은 다름 아니라 내담자라는 '인간'이다. 즉, 문제와 사람이 애초부터 분리되어 있지 않다는 것이다. 따라서 내담자에게 어떤 인간적 영향을 미치지 않고 그가 겪는 문제만 따로 떼어 내어 해결하려는 것은 오히려 문제 해결을 어렵게 만든다. 내담자를 이해하지 않고서는 그가 겪는 문제의 의미와 성질을 제대로 이해하기 어려우며, 내담자 자신의 문제 해결 의지와 노력을 이끌어 내지 못하면 문제 해결 자체가 어렵게 된다(이장호 외, 2008: 34-35).

Guy(1987)는 상담자에게 요구되는 인간적 자질을 다음과 같이 설명하고 있다.

호기심과 탐구심	사람에 대하여 자연스러운 관심을 갖고 있다.
경청 능력	적극적 경청을 한다.
대화 능력	언어적 대화를 즐긴다.
공감과 이해심	상대방의 입장이 되어 그의 처지를 이해하고 성별이나 문화권이 다른 사람에 대해서도 이해한다.
정서적 통찰력	분노에서 기쁨에 이르기까지 다양한 감정을 인식할 수 있다.
내성	내면세계를 보고 느낄 수 있다.
자기부정의 능력	자신의 개인적 욕구보다 다른 사람의 욕구를 우선적으로 다룬다.
친밀감에 대한 인내	정서적 친밀 상태를 유지할 수 있다.
힘의 능력	어느 정도 거리를 유지하는 가운데 힘을 느낄 수 있다.
유머 감각	삶의 역설적인 면을 볼 수 있으며 유머 감각이 있다.

이외에도 상담자의 인간적 자질로는 안정감, 조화, 일관성, 목적성 등을 들 수 있다(김춘경 외, 2010: 27 재인용).

치료적 중재에서 절대시되는 것은 이론과 그 이론을 적용하는 데 필요한 기법보다는 내담자를 관리해야 하는 치료자의 인간성 또는 인간적 자질이 치료를 완료하는 데 절대적인 영향을 미치게 된다는 점이다. 이는 치료 과정에서 불가피하게 나타나는 전이와 역전이의 절대성 때문이다(임종렬, 2001: 300).

상담자가 갖추어야 할 인간적 자질은 다음과 같다. 인간에 대한 깊은 관심, 진실성, 심리적 안정감, 온화함, 지적 능력, 자기인식, 타인 수용, 열린 마음, 공감, 지지, 격려, 존중, 객관성 등이다. 이러한 개인적 자질을 중요하게 여기는 것은, 상담에서 내담자들은 상담자의 행동을 모방하고 상담자의 어떤 신념과 태도를 자신의 것으로 동일시하는 전이 현상이 일어나기 때문이다. 따라서 상담자는 내담자의 본보기가 될 필요가 있다(임향빈, 2014: 14).

치유적 상담은 그 과정도 중요하지만 예상한 결과를 도출하는 것이 중요하다. 예상한 결과의 도출을 이끌어 내지 못했다면 상담에 적용한 이론과 기법에 부족한 사항이 있었다고 할 수도 있겠으나 그보다 더 중요한 것은 상담자의 인간적인 자질에 문제가 있다고 할 수 있다는 점이다. 이는 이론과 기법을 떠나 심리상담의 선행 조건이 되는 인간적 자질의 결핍을 의미한다. 따라서 내담자가 장기간 상담을 하였음에도 불구하고 변화나 치유가 일어나지 않는 것은 전문적 자질보다도 인간적 자질의 부족이 그 원인인 것으로 본다. 이와 함께 상담자는 상담에 임하기 전에 미해결과제와 걸림 등을 해소하여 그 문제로부터 더 이상 부정적 영향을 미치지 않도록 하여야 한다. 이는 상담 과정에서 역전이가 일어날 수 있기 때문이다. 역전이가 일어나게 되면 상담자의 문제에 사로잡혀 내담자는 보이지 않게 된다. 따라서 상담 과정에서 역전이가 일어난다면 그 문제를 가지고 슈퍼바이저에게 슈퍼비전을 받아야 하며, 이는 앞으로 만나게 되는 내담자들을 위하는 것과 동시에 상담자의 역량 강화와 인간적 자질 향상을 위하여 필요한 것이다.

(2) 전문적 자질

상담사의 전문적 자질은 다음과 같다. 상담의 이론에 대한 이해와 상담을 효율적으로 진행하는 방법과 절차에 관한 이해, 그리고 상담을 하면서 고려해야 할 여러 가지 사항들에 관한 실습 과정이다. 따라서 체계적인 교육을 받아야 하고, 예방적이고 치료적인 수준에서 인간을 조력할 수 있는 능력을 갖추어야 한다. 이러한 전문적 자질은 상담이론에 관한 지식, 실습 경험과 훈련, 자격을 갖춘 슈퍼바이저의 지도 등을 통해 습득된다(임향빈, 2014: 15).

상담자의 전문적 자질에는 크게 다음과 같은 세 가지가 중요하다. 첫째, 상담이론에 관한 이해. 둘째, 상담을 효율적으로 진행하는 방법과 절차에 관한 이해. 셋째, 이 두 가지를 바탕으로 실제 상담을 하면서 고려해야 할 여러 가지 사항을 일일이 검토하는 실습 훈련 경험이다(이장호 외, 2008: 23-24).

상담이론에 대한 이해는 개인의 변화를 촉진할 수 있는 구체적 방법을 제시할 수 있음을 의미한다. 개인상담에서 상담 방향을 제시하게 되는 상담이론에서는 내담자가 호소하는 문제들이 발생하게 된 과정뿐만 아니라 이러한 문제를 해결하는 데 필요한 구체적인 상담 기법, 상담 개입의 전략과 과정을 제시하고 있다. 상담에서의 전문적 자질은 반드시 상담 실습과 훈련을 통해 증진될 수 있다. 유능한 상담자가 되기 위해서는 상담에 대한 전문적 지식을 쌓아야 할 뿐만 아니라 폭넓고 다양한 실습 과정을 거쳐야 한다. 상담은 인간을 다루는 섬세한 활동으로, 훈련되지 않은 상담자의 미흡한 접근은 오히려 내담자에게 상처를 줄 수 있는 위험한 일이기 때문이다(신효정 외, 2022: 115-116).

상담 과정에서 상담자는 자신이 가지고 있는 이론과 기법을 활용하게 되며, 이를 적용할 근거를 가지고 있어야 한다. 이론적 배경이 없는 임상경험은 사상누각에 불과하기 때문이다. 따라서 상담자는 전문적 자질을 갖추기 위해서는 다양한 이론들 중에 자신에게 맞는 이론을 택하여 그 이론을 가르치는 슈퍼바이저에게 이론과 자기분석, 슈퍼비전 등을 받아야 한다. 이러한 전문적 수련 과정을 일정 기간 거쳐 그 이론을 습득하고 상담 과정에서 적절히 활용할 수 있도록 지속적 노력을 해야 한다.

2. 내담자

1) 내담자의 이해

심리상담에서 내담자란 부정적 경험으로 인하여 형성된 마음의 상처가 유발인자에 의하여 증상 발현이 된 사람을 말한다. 이러한 마음의 병은 내담자의 경험에 따라 증상이 달리 나타난다. 우울증, 조울증, 조증, 조현병, 피해망상, 경계선 성향 등 다양하게 자리 잡으며, 이러한 증상에서 벗어나고자 노력하다가 좋아지지 않으니까 상담을 받으러 오는 것이다. 즉 내담자란 마음의 병을 앓고 있거나 직접적 또는 간접적으로 병리 증상의 영향을 받아 그 증상을 해소하고자 상담을 받는 사람들이다.

내담자는 심리상담을 받으러 올 때 상담자가 자신의 증상과 혹시 있을지도 모르는 특성상의 결함들에 대해서 생각하고 편견을 갖지 않을까 염려하게 된다. 또한 상담자가 내담자의 병리 증상보다도 상담비 부담 능력과 성향에 대해서만 관심을 보인다면 내담자가 애초에 가지고 온 상담자에 대한 생각과 기대를 재확인시켜 주는 것이 될 수 있다.

내담자는 상담 과정에서 자기가 가지고 있는 미해결과제나 걸림으로 인하여 삶에 부정적 영향을 미치는 부분에 대해서 이야기한다. 남들에게 이야기하지 못할 자신의 치부나 그로 인하여 오는 슬픔, 분노,

죄의식, 수치심, 자존심 또는 즐거움 등에 대해서 표현할 수 있다. 상담자는 내담자의 이야기를 경청하면서 지금 이 시간에 왜 이런 이야기를 하고 있을까, 그 속에 담긴 의미는 무엇일까에 대해 탐색하면서 상담자는 말속의 말을 찾아야 한다. 이를 통하여 심리적 어려움을 주는 요인들을 찾아내고, 억압하고 있는 이야기를 표출할 수 있도록 조력한다.

내담자는 초면인 상담자에게 자신의 부족한 부분을 노출시켰다는 것에 대한 긴장, 불안, 당황함에 불편해할 수 있다. 상담자는 이러한 상황에서 열린 마음과 따스함으로 지지, 격려를 함으로써 내담자에게 믿음과 신뢰를 형성하게 된다. 이와 함께 내담자의 이야기를 경청하면서 상황에 따라 하기 어려운 말을 부드럽게 할 수 있는 안전한 분위기를 조성할 필요가 있다. 또한 괴로운 이야기에서 즐거운 주제로 자연스럽게 넘나들 수 있는 유연함을 가지고 상담을 하여야 한다. 그러나 내담자가 이야기하는 내용이 걸림이나 핵심감정을 이해하는 데 충분하지 않다면 상담자는 "지금 현재 어느 부분이 마음을 무겁게 하는지요"라고 질문을 할 수 있다.

상담자는 내담자에게 무엇을 느끼며, 무엇을 생각하고 있는가에 대한 그의 마음을 구체적으로 설명할 수 있도록 질문을 해야 한다. 만일 내담자의 정동(우울, 조울)이 그의 정신세계를 알려 주는 마음의 병이 분명하다면 상담자는 내담자에게 느낌에 대한 것을 물어볼 필요가 있다. 특히 어떠한 어려움이 내담자가 가지고 있는 지금의 그 정서를 갖게 했는가를 탐색해야 한다.

상담자가 내담자의 특정한 느낌에 대해서 언급했을 때 내담자가 지금 느끼고 있는 느낌이 아니라고 한다면 상담자는 그대로 수용하고 그에게 다시 그러한 느낌을 갖게 한 것이 무엇인가를 물어보아야 한다. 어떤 내담자는 자신의 감정적 반응에 개방적이고 솔직하지만, 어떤 내담자는 감정을 가능한 한 숨기려고 한다. 내담자의 사고가 중요하지만 사고보다 더 중요한 것은 내담자의 정서적 반응이다. 사고는 의식적이고 조작적이고 계획적인 것이지만 정서적 반응은 무의식적이고 자율적이다. 그래서 통제가 불가능한 정신세계의 표현이기 때문에 정서적 반응의 원인에 대한 이해는 상담 내용을 이해하는 단초가 된다.

예를 들면, 어떤 내담자가 자신의 현재 생활에 대해 이야기하는 과정에서 부모에 대한 얘기를 하게 되었을 때, 자신도 모르게 흘러나오는 눈물을 감추려고 애를 쓰는 경우의 정서적 반응을 들 수 있다. 그러나 내담자의 사고 과정은 정서적 반응과는 다르게 의도적으로 좋은 모습을 강조하거나 치부를 감추는 등 조작이 가능하다.

상담 과정에서 내담자가 전하고자 하는 말의 의미는 사전에 정의되어 있는 말의 의미보다 더 많은 의미를 포함하고 있을 수 있다. 그렇기 때문에 상담자는 내담자의 언어적 표현의 현실성과 표현된 언어의 은유적 또는 암시적 내용에 각별한 관심을 가지고 분석적 경청을 해야 한다. 내담자가 활용하는 말의 내용이나 스타일, 특정한 언어 선택의 빈도, 즉 활동적인 내용의 동사나 비활동적인 동사, 전문적인 용어, 사투리, 잦은 명령어 등을 얼마나 자주 사용하는가를 예의 주시하고 그 말들의 내용을 분석해야 한다는 것이다.

2) 내담자의 성향

인간은 삶의 과정에서 다양한 경험을 하며 성장한다. 생후부터 현재까지 경험한 일들은 그냥 사라지는 것이 아니라 연상 상황, 연상 기억에 의하여 의식 위로 올라오게 된다. 이는 회전판 원리와 같이 한번 경험한 일들은 반드시 재활성화된다는 것이다. 즉 내담자는 부정적 경험(취약성)이 외부 자극(유발인자)에 의하여 현재의 삶에 부정적영향(증상 발현)으로 나타나 삶의 질이 낮아진 사람이다.

[그림 5] 심인성 증상의 원인

내담자는 마음을 옥죄는 불편함의 해소를 위하여 스스로 노력을 하다가 점차 더 어려움에 처하니까 상담자를 찾게 되는 것이다. 상담실에 들어오는 내담자는 상담자를 관찰하게 된다. 내가 가지고 있는 심인성 질환으로부터 벗어나도록 도와줄 수 있는지, 편견을 가지고 대하지는 않을지, 내가 가지고 있는 문제에 대해 이해해 줄 수 있는지 등에 대해서 탐색한다. 내담자는 상담자가 자신의 문제를 해소해 줄 수 있다는 믿음과 신뢰가 형성되면 상담자에게 자신의 이야기를 하며 변화와 치유를 위한 상담을 하게 된다. 상담자가 내담자의 문제 해결에 도움이 안 될 것이라는 생각이 들면 내담자는 저항을 하게 된다.

저항은 상담의 대상이 되는 것들에 협조하지 않고 방해를 하는 내담자의 모든 태도를 의미한다. 상담 과정에서 내담자의 저항은 내담자를 이해하는 데 도움이 되지만 때로는 상담을 어렵게 만들거나 중단하는 사태가 나타나기도 한다. 특히 상담초심자의 경우 내담자의 문제에 대하여 도움을 주기 어렵다는 느낌을 주거나 상담에 대한 자신감이 결여되거나 내담자에게 믿음과 신뢰를 주지 못하였을 때 내담자의 저항이 나타날 수 있다. 이러한 저항은 상담 과정에서 냉소적 반응, 단답형으로 대답, 상담 시간 지각, 상담 시간 일방적 연기, 나타나지 않음(no show), 상담 중단 등으로 다양하게 나타나게 되며, 내담자의 저항에 대하여 살펴보면 다음과 같다.

상담을 회피하기 위해서 가벼운 신체적 질환을 가지고 양해를 구하는 것은 심인성 질환을 가진 내담자들이 주로 사용하는 저항이다. 내담자가 빈번하게 상담자에게 전화를 걸어 육체적 질환을 말한다든지, 상담 시간을 변경하거나 또는 나타나지 않는 것 역시 저항이다. 내담자가 그다음 상담 시간에 맞추어 왔을 때 상담자는 저항을 해석하기 전에 상담에 참석하지 못한 이유에 대하여 다루어야 한다. 이는 내담자의 긍정적 변화와 치유를 위하여 상담에 성실히 참석해야 한다는 느낌을 갖게 하기 위한 방법이 되기 때문이다.

또한 약속 시간을 자주 변경해 달라는 요구 또한 하나의 저항이다. 내담자는 약속 시간 그 자체를 잊어버리고 이해해 주기를 바랄 수도 있다. 상담 약속 시간을 어기고 늦게 온다거나 상담 시간을 잊어버린 것은 저항을 나타내는 행동이다. 만일 상담자가 늦게 온 내담자를 위해서 상담 시간을 연장해 주지 않는다면, 늦게 온 사실이 하나의 해결해야 할 문제라는 것을 인식하게 될 것이기 때문에 늦게 도착했다고 해서 상담 시간을 연장해 주어서는 안 된다. 그러나 이에 대한 설명을 해 주어야 하며, 내담자의 성향과 저항을 이해하려는 열린 마음과 인간미는 상담자가 지녀야 할 덕목이라고 보고 싶다.

상담을 받고자 하는 내담자는 과거의 미해결과제, 걸림 등이 현재의 삶에 부정적 영향을 미쳐 어려움을 겪는 사람들이다. 상담자는 과거의 어두운 그림자가 현재와 미래의 삶에 부정적 영향을 미치지 못하도록 하고 내담자가 사는 사회에서 순기능적 역할을 할 수 있도록 이끌어 주어야 한다. 상담자가 만나는 내담자는 마음의 병, 심인성 질환으로 인하여 자신의 틀 안에서 살아간다. 따라서 상담자는 내담자가 개인 내적역동에 대한 통찰을 통하여 자아기능을 강화하여, 자신의 틀에서 벗어나 자기답게 살아가고 더불어 사는 공동체의 일원이 되도록 조력하여야 한다.

3) 내담자의 생활사

내담자의 생활사를 현재의 증상과 관련하여 과거사 그리고 가족사를 조직적으로 기록하는 것은 내담자의 증상을 이해하는 데 더 많은 도움을 준다. 내담자의 과거사는 발달단계로 영아기, 아동기, 청소년기, 성년기로 분류해서 수집하고 기록한다. 상담 중에 상담자는 내담자의 증상과 관련된 내용을 탐색할 때 상담자의 이론적 배경과 기법, 그리고 임상경험을 바탕으로 질문하여 정보를 얻어내어야 한다. 이러한 질문은 내담자의 변화와 치유를 위한 질문이 되어야 하며, 상담자를 위한 질문을 하여서는 안 된다.

상담초심자들은 내담자로부터 얻은 생활사에 대한 정보를 간편한 문장으로 일목요연하게 연대별로 정리할 수 있는 준비를 해야 하고, 그렇지 않은 경우에는 이러한 생활사를 과학적으로 정리할 수 있는 연습을 해서 내담자의 생활사를 잘 정리하여 제시할 수 있도록 해야 한다. 내담자의 정신병리적 생활사는 그 사람의 과거사를 사진과 같이 간단명료하게 제시할 수 있어야 하고, 내담자의 강점과 약점을 제시할 수 있어야 한다. 그리고 그 생활사는 내담자와 가장 가까이 지내는 사람들과의 인간관계를 볼 수 있게 해야 한다.

병리적 생활사에 대한 정보가 부족하면 내담자의 정서적 갈등을 발견하는 데 어려움이 많고, 증상에 대한 원인을 탐색하는 데 어려움이 있다. 상담자가 내담자의 증상과 관련된 내용을 물어본다면 내담자는 그가 가지고 있는 갈등과 증상, 그리고 주관적으로 불편한 느낌 사이의 인과관계를 효과적으로 설명하는 데 어려움을 갖게 된다. 대부분의 경우 상담은 현재의 일반적인 것으로부터 보다 자세한 증상과 관련된 문제들을 파고 들어가는 순서로 진행된다. 현재 내담자가 가지고 있는 주요 불평으로부터 시작해서 내담자가 불평을 하는 증상의 발달 과정을 알아보고 이와 관련된 정보를 수집하는 과정을 적는다.

내담자가 "아이들이 자기들 마음대로 해요" 또는 "우울증인 것 같아요"라는 말을 사용하면 그 말의 의미가 무엇인가에 대해서 물어본다. 상담의 흐름은 논리적이어야 하고, 발전적이어야 한다. 그리고 서먹한 관계에서 친한 관계로 관계형성이 되어야 한다. 특히 내담자의 정신 집중이 불가능하고, 심각한 인지적 결함을 보일 때 이러한 상담 방법은 효과적으로 기능을 한다. 내담자를 대상으로 한 질문은 보다 상세해야 하고, 구체적인 내용으로 질문하는 것이 바람직하다. 그리고 불안과 고통스러운 정동을 갖게 한 원인과 관련된 것들을 관리할 수 있는 내담자의 능력이 있는가 또는 없는가를 알아보는 것이 중요하다.

만일 내담자가 이러한 능력을 전혀 가지고 있지 못하다면 상담자는 내담자의 불안을 경감시키려는 노력을 해야 하고, 대답하기에 어려운 질문이나 불안을 조장하는 질문은 강요하기보다는 다음 기회로 미루거나 눈높이에 맞는 질문을 하여야 한다. '이전에 성격장애 때문에 고통을 겪은 적이 있는지', '상담을 받아 본 적이 있는지', '정신병원에 입원한 적이 있는지' 등에 대해서 물어보아야 한다. 또한 내담자의 성장 과정, 가족 관계, 친구 관계 등 생활사에 대해 구체적으로 물어보아야 한다. 이러한 질문에 답하는 과정에서 지적인 결함이나 주의력의 결핍이 있는지에 대해서 살펴보고 상담이 끝날 무렵에는 더 말할 것이 있는지, 아니면 특별하게 질문할 것이 있는지 물어보아야 한다. 이때 질문에 대해서는 자세한 설명을 피하고 간단명료하게 대답해야 한다. 그리고 내담자에게 그의 정신병리와 관련된 평가와 무엇을 해야 하는지에 대해서 말해 주는 것이 도움이 된다.

4) 내담자의 의존성

내담자들은 상담 혹은 상담자에게 일정 기간 의존하는 경험을 자주 한다. 일시적인 의존은 특별히 문제 될 것이 없다. 어떤 사람들은 전문가의 자문을 받는 것을 나약함의 표시로 보는데, 이런 내담자들이 다른 사람을 필요로 하는 의존적인 사람으로 변했다고 해서 치료자에게 윤리적인 책임이 있는 것은 아니다. 그러나 상담자가 상당 부분 내담자를 의존적으로 만들었다면 윤리적으로 문제가 된다. 그렇게 만드는 데는 여러 가지 이유가 있다. 때로는 상담 인턴들이 임상시수를 채우기 위해, 혹은 내담자를 잃는 것이 좋지 않게 보일까 봐

불필요하게 내담자를 잡아두기도 한다. 일부 개업 치료자들은 더 이상 개선될 것이 없어 종결해야 될 상황에서도 출석률이 좋고 치료비도 제때에 납부하는 내담자를 떠나보내지 못하는 경우도 있다. 치료자가 부지불식간에 내담자의 의존을 조장할 수도 있다. 내담자가 해답을 달라고 조르면 그런 상담자는 내담자에게 어떻게 하라고 분명하게 말을 하지 못한다. 의존적인 내담자는 치료자가 더 좋은 해결책을 가지고 있다고 생각하기 시작할 것이고, 그렇게 보이고 싶은 치료자는 내담자와 궁합이 맞아 내담자를 미성숙하고 의존적인 상태로 남아 있게 할 것이다(서경현, 정성진 역, 2008: 64).

Mann(1973)에 의하면 5년 이상 중단되지 않고 계속되는 정신분석에 대해 회의적이다. 정신분석이론이든 정신치료든 치료란 환자가 변화되도록 도울 수 있어야 한다는 점으로 볼 때, 더 이상 시간이 치료자의 편에 서지 않게 되는 시기가 오게 되는데, 이런 경우 시간은 환자에 의해 유아적 충족을 위한 수단으로 이용되기 마련이다(박영숙, 이근후 역, 1993: 7).

상담이 진행되면서 내담자는 마음속에 담아 두고 억압하고 있던 자신의 치부나 트라우마, 미해결과제, 걸림 등 어두운 그림자에 대해 이야기하게 된다. 상담자는 내담자의 이야기를 경청하며 따듯하게 품어 주기도 하고, 때로는 공감을 넘어 공명 현상까지 나타내기도 한다. 이러한 과정 속에서 내담자는 이전에 경험하지 못했던 심리적 안정을 느끼게 되고, 지지와 격려를 통하여 자신도 이해받고 있구나 하는 마음이 생기기 시작한다. 내담자는 지속적으로 마음속에 담아 두었던 이야기를 내어놓게 되고, 인정 욕구가 충족되기 시작하며, 점차 상담자를 의지하고 상담자의 조력에 의하여 일상생활을 영위해 나간다. 즉, 상담자에 대한 믿음과 신뢰가 강화되면서 의존성 또한 점차 커지게 된다. 따라서 상담은 상담자를 위한 상담이 아니라 내담자 중심의 상담이 되어야 한다. 상담 과정에서 전이로 인한 내담자의 의존성 역시 상담 과정에서 일어난 상황이기에 내담자와의 상담이 종결되면 상담자의 의존에서 벗어나 독자적으로 삶을 영위할 수 있도록 하여야 하며, 이는 상담자의 윤리와도 연관이 있다.

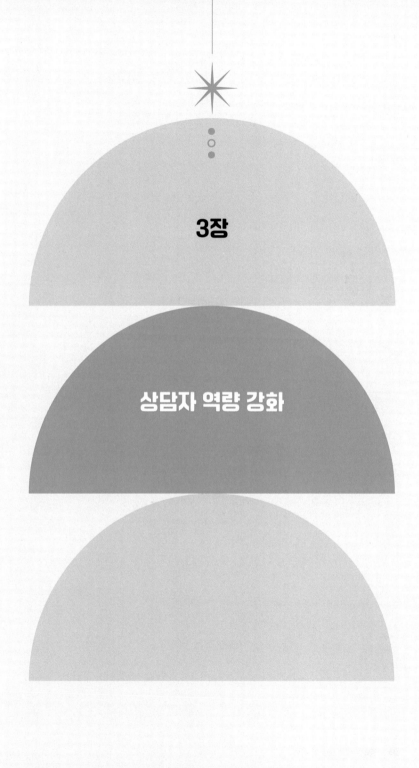

3장

상담자 역량 강화

1. 역량 강화의 이해

사전적 의미로 역량은 어떤 일을 해 낼 수 있는 힘이며, 강화는 세력이나 힘을 더 강하고 튼튼하게 하는 것이다. 역량 강화는 역량과 강화가 결합한 용어로서, 어떠한 일들을 하는 데 있어 세력이나 힘을 더 강하고 튼튼하게 한다는 의미다. 역량 강화를 영어로는 임파워먼트(empowerment)라고 할 수 있으며, 이는 개인의 능력과 의욕을 분리하지 않고 두 가지를 함께 상승시켜 힘을 키워 주는 것이다. 신효정 외에 의하면 임파워먼트는 개인, 집단, 가족, 지역사회가 내부 또는 외부에 있는 자원과 도구를 발견하고 확장하도록 돕는 과정을 말한다(신효정 외, 2022: 99).

역량이라는 개념은 전신체적 작동뿐만 아니라 정서나 태도 그리고 정체성과 잠재 가능성 등의 '인격적' 특성을 갖는, 보다 총체적인 개념으로 볼 수 있다. 역량이 갖는 총체적인 성격을 이해하기 위한 한 가지 접근으로 상황주의적 관점을 들 수 있다. 상황주의적 관점은 개인의 사고나 행위, 개인 간 상호작용, 기호나 도구와 같은 환경 등을 분리하지 않고 이해하고자 하는 방법론적 접근을 취함으로써 총체적 속성을 드러내고자 하였다. 즉, 무엇을 할 줄 안다는 것은 그와 관련된 지식을 익히고 그러한 지식이 자신의 사고나 행위에 대해 규칙으로 작용하여 이를 따르는 것으로 이해해 볼 수 있다(손민호, 2011).

사회가 다변화되어 감에 따라 구성원들에 대한 심리적, 사회정서적 지원의 필요성이 더욱 대두되고 있다. 이러한 사회적 요구와 함께 상담 및 심리치료의 전문성에 대한 관심도 더해지고 있다. 초보 상담자 단계에서부터 다변화하는 사회 속에서 전문적이고 다각적인 방법으로 내담자를 지원하는 역량을 강화하는 훈련을 고려하여야 한다(류진아, 2020).

상담자의 역량 강화는 내담자가 지니고 있는 다양한 문제에 대처하기 위해서 상담 지식을 확장하고 기법을 연마하여 변화하는 상황과 여건에 유연하게 대처할 수 있도록 개인적인 성장을 이루어 나가는 것이다. 즉, 상담 과정에서 내담자의 미해결과제, 걸림, 트라우마, 핵심감정 등에 대하여 조력할 수 있도록 상담자의 역량을 강화시키는 것으로 슈퍼비전, 자기분석, 교육, 세미나, 집단상담 등을 통해 보다 나은 상담 능력을 갖는 것이다.

2. 상담자 역량 강화의 중요성

상담은 누구나 할 수 있는 것으로 생각한다. 그러나 상담은 누구나 할 수 있는 것이 아니다. 오랜 세월 동안 상담과 관련된 인간 심리와 그 심리가 어떻게 발달해 왔는가에 대해 정확한 내용과 이론을 철저하게 배워야 하고 그 이론을 적용할 수 있도록 지도자와 함께 상담에 대한 기술적인 공부를 해야 한다. 최소한 4년 이상 상담 기술을 연마한 후에야 겨우 걸음마를 배우는 아이처럼 상담의 발을 한두 발자국 디뎌 놓을 수 있게 된다(임종렬, 2002: 56).

상담을 배우는 수련생들이 가끔 질문을 한다. "상담을 잘 배우고 싶은데 어떻게 해야 하나요?" 답하기를 "상담을 배우는 데 지름길은 없다. 이론과 기법을 체계적으로 습득하고 임상 현장에서 활용하여야 하며, 자각과 통찰을 통하여 역량을 강화시켜야 한다. 이를 위해서는 정도를 걸어가야 한다"라고 하였다.

몇 년 전에 자기분석을 받기 위해 찾아온 내담자가 있었는데, 이 내담자는 학위나 자격증 취득에 신경 쓰다 보니 정작 중요한 상담 역량 강화를 소홀히 하여 어려움에 처하였으며 소진 상태에 이르게 되었다. 자기분석을 통하여 자신의 문제가 무엇인지 깨달았으며 번아웃(burnout)을 극복하였다.

(전략)

내담자: 현재 상담자로 일하고 있는데 상담자로서 회의감을 갖고 있으며, 상담을 그만두어야 할까 하는 고민 끝에 지인의 소개를 받고 찾아오게 되었습니다. ○○학 박사이며, 여러 학회 자격증을 갖고 있어요. 자격증을 취득하고 나서 상담을 시작한 지 3년이 넘었으나 점차 내담자 만나는 것이 싫어지고 소진 상태에 빠지게 되었어요. 상담을 하다 보면 내담자의 변화는 나타나지 않고, 욕구 충족이 안 되니 내담자의 저항이 나타나게 돼요. 심지어 어떤 내담자는 상담이 끝날 때 상담을 괜히 받았다고 하며, 돈이 아깝고 시간 낭비하였다고 말하는 내담자도 있어요. 이럴 때마다 자괴감과 무력함을 느끼게 되고, 이러한 것들이 쌓여서 번아웃(burnout)이 된 것 같아요. 어찌해야 할지 모르겠어요.

상담자: 그러면 현재 소진 상태에 처하게 되었다는데 그 원인에 대하여 생각해 본 적은 있는지요.

내담자: 상담을 진행할 때마다 점차 자신감이 없어지고 있어요. 구조화를 시키는 것도 어렵고 직면을 어떻게 시켜야 되는지 잘 모르겠어요. 그러다 보니 내담자가 하는 이야기를 듣고, 내담자에게 도움이 되는 이야기를 해 주고 그러다가 끝나는 것 같아요. 나름 잘해 보려고 하는데 내담자 반응은 좋지 않은 것 같아요.

상담자: 선생님의 경우 객관적으로 볼 때 ○○학 박사학위와 다양한 상담 관련 자격증을 볼 때 상담을 잘하겠다는 이야기

를 많이 들었을 것 같은데요.

내담자: 예, 남들이 볼 때는 상담을 잘하겠다는 이야기 많이 듣고 있어요. 그런데 정작 내 자신은 상담에 자신감이 없고 내담자를 만나는 것에 두려움을 느끼고 회의적인 상태에 처하게 되었어요…. 상담을 그만두어야 하나, 생각도 많이 해 보았는데 이제 와서 다른 일을 한다는 것도 용기도 안 나고 어찌해야 할지 모르겠어요.

상담자: 많이 힘드시겠어요.

내담자: 예.

상담자: 지금 선생님의 마음을 어둡게 하는 부분이 어떤 것인지요.

내담자: 상담을 할 수도 없고, 안 하기도 그렇고, 무기력하고 자괴감에 처한 지금 상황에서 벗어나고 싶어요. 정말 지금까지 열심히 해 왔는데 지금의 내 모습은 너무 비참해요.

상담자: 지금 이 상황에서 벗어나고 싶다고 하였는데 어떻게 변화가 되었으면 좋겠는지요.

내담자: 상담을 잘하고 싶어요. 내담자 욕구 충족도 시켜 주고 변화된 모습들을 보고 싶어요. 그래야 상담자로서 보람도 느끼게 되죠. 변화될 수 있을까요.

상담자: 선생님이 생각한 대로 이루어져요. 부정적 그림을 그리기 시작하면 부정적 그림이 완성되고, 긍정적 그림을 그리기 시작하면 긍정적 그림이 완성돼요. 따라서 선생님이 지금 어떠한 마음을 가지고 있는가에 따라 결과도 달라질 거예

요. 선생님이 상담을 하기까지 많은 수련을 하였을 텐데요.

내담자: (침묵 5초) 예, 되돌아보면 상담을 배우기 위해 노력을 많이 한 것 같아요. 박사학위 취득하고, 각 학회 자격증 취득하고…. 박사학위와 자격증들을 따기 위해 열심히 노력을 하여 학위와 자격증들은 남들보다 빨리 따게 되었어요. 그런데 되돌아보니 정작 중요한 역량 강화는 소홀히 하였던 것 같아요. 그러다 보니 남들은 상담을 잘할 것이라고 생각하는데 내 자신은 그렇지가 않아요. 지금 와서 너무 후회가 돼요….

(후략)

내담자는 박사학위와 상담 관련 자격증 취득을 위해 노력을 하였으며, 원하는 시기에 취득을 하게 되었다. 그러나 상담 수련 과정에서 중요한 역량 강화는 소홀히 하였으며, 이로 인하여 상담 현장에서 내담자의 욕구 충족과 긍정적 변화와 치유를 이끌어 내는 데 어려움을 겪고 있었다.

내담자는 자각과 통찰을 통하여 자신의 한계를 알고, 자기분석과 슈퍼비전을 받게 되었다. 내담자는 상담 초기, 중기, 종결기에서 다루어져야 할 내용과 기법, 직면 등에 대해서 체계적으로 분석 및 슈퍼비전을 받았다. 일정 기간이 지난 후 상담에 자신감을 회복한 후 상담 현장에서 내담자의 삶의 질 향상을 위하여 조력하고 있다.

수국이라는 꽃나무는 종류가 여러 가지다. 야생에서 1~2m 정도 크기로 자라는 수국도 있다. 그러나 화분에 옮겨 심으면 화분의 크기에 따라 다르게 성장한다. 필자는 앞마당에서 자라는 수국의 가지를 지인이 잘라주어 아파트 베란다의 큰 화분에 심었다. 몇 년이 지나자 1m 정도 성장하면서 탐스런 꽃을 피웠다. 다시 가지를 잘라다 연구소의 작은 화분에 심었다. 그 후 9년 내내 15㎝ 정도에서 성장을 멈추었으며 더 이상 자라지도, 꽃을 피우지도 않는다. 이러한 모습을 보고 환경이 중요하다는 것을 알게 되었다. 환경에 따라 1~2m로 커지기도 하고, 15㎝ 정도에서 성장을 멈추기도 한다는 것을 알게 되었다. 이것을 보고 '수국의 법칙'이라고 하였다.

상담자는 상담에 임하기 전에 소가 밟아도 깨지지 않는 단단한 이론으로 무장해야 한다. 단기상담에서는 긍정적 변화, 장기상담에서는 치유를 이끌어 내는 상담을 해야 한다. 이러한 상담을 하였을 때 상담자로서 보람을 느끼고 자부심을 갖게 될 것이다. 이를 위해서 상담자는 수련을 통하여 체계적으로 배워야 하며, 더 나은 상담자가 되기 위하여 역량 강화와 함께 상담 과정에서 끊임없이 자각과 통찰이 일어나야 한다.

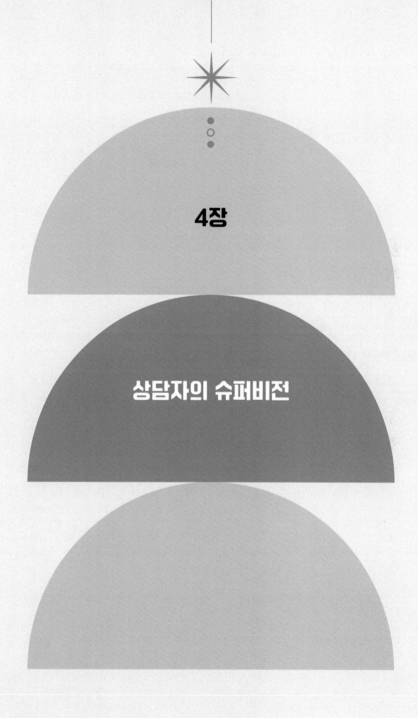

4장

상담자의 슈퍼비전

1. 슈퍼비전의 이해

상담이란 내담자의 삶을 변화시키는 데 도움을 제공하는 전문적 활동이다. 이 상담 활동은 수년간의 이론적 교육과 실제적인 훈련을 토대로 하며, 이러한 과정을 통해 상담자로서의 가치관과 태도 그리고 내담자의 문제에 대한 이해의 틀을 갖추게 된다. 상담자로서 성장하도록 훈련하는 과정에는 보다 앞서 경험한, 숙련된 상담자의 지도와 감독이 필요한데 이것을 슈퍼비전이라고 부른다(지승희 외, 2014).

슈퍼비전(supervision)은 상담에 대한 이론적 지식과 상담 경험이 풍부한 전문가가 상대적으로 이러한 역량이 부족한 전문가를 도와 그의 상담 능력이 발전되도록 촉진해 주는 것이다. 슈퍼비전은 '위에서'의 뜻을 가진 'super'와 '관찰하다'의 뜻을 가진 'vision'이 조합된 단어로, '감독하다'라는 의미가 있다. 이처럼 감독하는 사람인 슈퍼바이저와 감독을 받는 사람인 슈퍼바이지(수련생), 그리고 그들이 서비스를 제공하는 내담자 간에 이루어지는 독특한 전문적인 관계가 바로 슈퍼비전이다(김춘경 외, 2016).

조윤진 외에 의하면 상담 영역에서 슈퍼비전은 상담심리치료사가 전문 직업인으로 발전해 가는 과정에서 그들의 기술을 향상시키기 위해 경험이 많은 상담심리치료사와 계약하여 배우는 것으로, 내담자에게 효과적인 상담을 제공하고 슈퍼바이지가 독립적인 전문가가 되는 데 필요한 경험을 습득할 수 있는 맥락을 제공한다(Gilbert & Evans, 2004). 슈퍼비전에서 슈퍼바이지는 상담에 필요한 이론과 기술을 익힐 뿐 아니라 숙련된 전문가의 수행을 지켜보며 전문적인 상담의 실제에 대한 이미지를 구상하게 되고, 실질적인 모델링을 통해 습득한 이론적 지식과 상담의 실제를 연결해 간다(조윤진 외, 2014).

슈퍼바이저의 역할은 슈퍼바이저와 슈퍼바이지 간의 기능적 관계를 의미한다. 전문성 발달을 도모하는 슈퍼바이저의 역할은 교수, 상담가, 자문가, 임상가 등 다양한 역할을 하게 한다. 상담자는 한 번에 1~2가지 일을 하지만 슈퍼바이저는 동시에 여러 가지 기능을 수행하기도 한다. 슈퍼비전 1회기 동안 상담적 접근을 하고 내담자에 대한 슈퍼바이지의 사례개념화를 제공하고, 슈퍼바이지의 역전이를 돕고, 또한 슈퍼바이지를 격려하기 위한 긍정적 피드백을 한다(백미현, 2022: 12).

상담에서 슈퍼비전은 경험이 많은 선배 상담자로부터 지식과 경험을 전수받는 것이다. 이를 통해 상담자는 자기자각을 향상시키고, 전문적인 상담 기술이나 기법을 습득하게 된다. 이와 함께 상담 과정에 대한 이해의 폭을 확장하여 내담자의 건강한 삶을 위한 기술적 지식을 획득하게 된다.

2. 슈퍼비전의 정의

슈퍼비전은 슈퍼바이저가 전문적이고 독립적인 상담자가 되고자 하는 수련생에게 유능한 경력 사항과 전문가적인 지식을 바탕으로 적절한 상담의 실제 기술을 습득할 수 있도록 도움을 주는 활동이라고 정의할 수 있다(김춘경 외, 2016). 상담 슈퍼비전은 전문 상담자가 되고자 하는 상담자에게 좀 더 전문적이고 숙련된 슈퍼바이저가 상담 수련생의 상담 수행 능력을 올리기 위해서 제공하는 평가적이고 교육적인 모든 활동이라고 할 수 있다(홍영식, 2012: 10). 또한 상담에서의 슈퍼비전은 상담자의 상담 수행을 감독 혹은 지도하는 상위 상담자의 활동으로 정의할 수 있다(엄은숙, 2019: 5).

상담에서의 슈퍼비전은 타인의 치료적 능력을 촉진하려는, 계획적으로 하는 대면 관계로 정의된다. 또한 슈퍼비전은 슈퍼바이저가 상담자 역할의 활동을 평가하고, 적절한 직업적 행동을 습득하도록 돕는 계속적인 교육 과정으로 정의한다(Longanbill, Hardy, & Delworth, 1982). 포괄적인 의미에서의 슈퍼비전은 평가적이고 장기간에 걸쳐 반

목적으로 경험이 적은 구성원의 직업적 수행 능력을 향상시키는 것으로 정의된다(Bernard & Goodyear, 2003 / 2008, 엄은숙, 2019: 5 재인용).

상담 슈퍼비전의 정의는 학자들에 따라서 다양하게 나타나지만, 숙련된 상담자가 초심 상담자 또는 수련생들의 상담 역량 강화를 위하여 지도감독하는 활동이라고 하는 것에는 큰 차이가 없어 보인다. 따라서 상담 슈퍼비전의 정의는 슈퍼바이저가 상담자(슈퍼바이지)에게 인간적 자질과 전문적 자질의 역량을 강화시켜 상담자로써의 성숙을 이끌어 내고, 상담을 받고 있는 내담자에게 보다 더 나은 상담을 제공하기 위한 교육 과정이다.

3. 슈퍼비전의 목적

전문적인 훈련으로서의 상담 슈퍼비전은 슈퍼바이지를 가르치는 것과 내담자의 복지를 보호하는 것을 목적으로 한다. 슈퍼비전의 구체적인 목적은 교육을 통해 슈퍼바이지의 성장과 발전 촉진하기, 내담자의 복지를 보호하기, 슈퍼바이지의 수행을 감독하고 전문직의 문지기 역할 하기, 그리고 슈퍼바이지들이 스스로를 슈퍼비전하고 독립적인 전문가로서 이러한 목적들을 수행할 수 있는 역량 강화를 하기 위해서이다(엄은숙, 2019: 9).

슈퍼비전의 목적과 기능에 초점을 맞추어 슈퍼비전을 정의한 학자들을 살펴보면 다음과 같다. Bradley와 Boyd(1989)는 슈퍼비전이 슈퍼비전 방법론을 습득한, 숙련되고 유능한 슈퍼바이저에 의해 제공되는 것으로서 상담자의 개인적, 전문적 발달을 촉진하고 상담자의 역량과 책임 있는 상담, 서비스와 프로그램 안내를 증진시키며 자문과 상담 훈련, 지도, 평가를 포함하는 일련의 슈퍼비전 활동을 통해 슈퍼바이지의 작업을 감독하는 목적적 기능을 한다고 보았다. Gilbert와 Evans(2005)는 슈퍼비전에 대해 슈퍼바이저가 보다 숙련되고 경험이 많은 상담자로서의 지혜와 전문성을 통해 슈퍼바이지의 상담심리치료 역량을 증진시키는 것이라고 정의하면서 슈퍼비전의 목적을 분명히 하였다(박정아, 2018: 61 재인용).

유능한 슈퍼바이저가 되려면 수련생에게 전문적으로 발전할 수 있는 기회를 주는 것과 내담자에게 보다 효과적인 상담 서비스를 제공하는 것 사이에서 적절한 조화를 유지해 나가는 것이 필요하다. 따라서 슈퍼바이저는 수련생이 치료적 실무의 기술을 배우는 데 도움을 주면서, 내담자들이 제공받는 돌봄의 질이 높게 유지되도록 감독하는 데 노력을 기울여야 한다. 슈퍼비전은 주로 수련생의 상담 과정에 대한 체계적인 피드백과 반영(reflection)으로 이루어진다. 이를 통해 수련생은 자신의 상담 과정에서 일어난 부적절한 반응이 무엇인지 파악하여 실수가 일어날 때 피드백으로 수정의 기회를 가짐으로써 상담 능력을 향상시켜 나간다. 이러한 슈퍼비전은 초보 상담자뿐만 아니라 숙련된 상담자에게도 필요하다. 왜냐하면 제3자에게 지적을 받

지 않으면 자기 언동의 습관을 알아차리는 일이 쉽지 않기 때문이다
(김춘경 외, 2016).

　상담 슈퍼비전의 목적은 슈퍼바이지(상담자)가 내담자와 상담을 진
행함에 있어 더 나은 역량을 이끌어 낼 수 있도록 슈퍼바이저가 지
도, 평가 그리고 조력하는 것이다. 슈퍼비전을 통하여 상담자는 전문
가로서 갖추어야 할 능력을 습득하게 된다. 이를 통하여 상담자는 내
담자와의 상담을 효과적으로 진행할 수 있다. 슈퍼바이저는 슈퍼바이
지의 역량 강화, 전문성, 내담자의 인정 욕구 충족을 위한 효과적인
방법들을 제시하여야 한다. 또한 슈퍼비전이 효과적이려면 구조화, 정
기적, 일관성, 사례중심적 특성을 가져야 하며 지도 그리고 평가가 포
함되어야 한다. 따라서 슈퍼바이저는 내용과 형식, 방법들에 대한 선
택을 하는 데 있어서 슈퍼바이지의 사고의 틀뿐만 아니라 변화하는
환경과 다양한 내담자들의 문제 해결을 위한 조력을 위하여 지속적
인 연구와 노력을 하여야 한다.

4. 슈퍼비전의 이론

　처음 등장한 슈퍼비전의 이론적 접근은 '상담이론에 근거한 슈퍼
비전 모델'이다. 정신분석적 슈퍼비전, 인간중심적 슈퍼비전, 인지행

동적 슈퍼비전, 가족상담의 조직 슈퍼비전 등과 같은 것이 이에 속한다. 이것은 슈퍼비전의 한 지표라고 할 수 있는데, 독립적 상담이론에서 개발된 모델을 활용하여 그 자체가 슈퍼비전의 지표가 된 것이다. 상담자가 어떤 상담 목표를 갖고 어떤 상담 기술을 사용하는가는 그가 채택하고 있는 이론적 경향성과 불가분의 관계가 있다. 마찬가지로 슈퍼바이저가 슈퍼비전을 어떻게 구성하고 어디에 초점을 맞추는지도 그의 이론적 경향성과 관계가 있다(윤희섭, 2002: 10).

상담 슈퍼비전의 이론은 크게 세 가지 형태로 나누어 볼 수 있다. 첫째는 상담 및 심리치료이론에 입각한 상담자를 양성하기 위한 모델로서, 여기에는 정신분석적 접근에 근거를 둔 심리역동적 슈퍼비전과 인간중심 슈퍼비전, 행동주의 슈퍼비전, 부부치료나 가족치료 슈퍼비전 등이 있다. 둘째는 상담 및 심리치료이론과는 상관없이, 상담자 발달에 근거한 상담자 발달 모델로 상담 슈퍼비전에서 나타나는 상담자의 발달단계별 특징에 따른 슈퍼비전을 제공하는 모델이다. 여기에는 통합적 발달 모델과 Skovholt와 Ronnestad(1992) 모델이 있다. 셋째는 슈퍼바이저 역할 모델로서, 이는 슈퍼바이저의 역할과 기능에 따라 다르게 강조하는 슈퍼바이저 역할에 근거한 상담 슈퍼비전 모델을 말한다(홍영식, 2012: 11-12).

상담 및 심리치료이론을 바탕으로 한 슈퍼비전 모델들은 슈퍼바이지 교육과 훈련 내용, 슈퍼비전 관계, 슈퍼바이저 역할에 초점을 두고 이론적 숙지를 강조하고 있다. 즉, 이론의 교육과 훈련이 핵심이다. 더불어 심리역동적 슈퍼비전 모델은 슈퍼바이지가 자신의 역동을 이해하고 자각과 변화를 감지하도록, 인간중심 슈퍼비전 모델은 슈퍼바이저로부터 공감과 진실한 태도의 격려를 경험하도록 한다. 가족치료는 슈퍼바이지 원가족 관련 역동에 대한 탐색과 슈퍼비전 관계를 하나의 체계로 경험하도록 한다. 통합적 모델은 다양한 이론의 체계와 기법에 대한 높은 수준의 지식을 익혀야 하며 이를 상황과 환경에 유연하게 활용할 것을 요구하고 있다. 즉, 각각의 슈퍼비전 모델이 토대로 하는 이론적 숙지뿐만 아니라 슈퍼바이지 자신에 대한 이해 및 상황 적용 능력이 포함되어 있다(김도연, 2017: 14).

슈퍼비전에서의 이론은 지식을 이해할 수 있도록 사용되는 수단이다. 상담자는 효과적이고 효율적으로 다룰 수 있는 것보다 더 많은 자료를 접하게 된다. 의식적이든 무의식적이든 상담을 위한 자료를 선택하게 되는데, 이때 이론이 영향을 미친다. 상담자가 이론에 대해 정확히 알지 못한다면 슈퍼바이저와 상담자, 내담자 모두에게 혼란을 야기시킬 수 있다. 따라서 상담자가 사용하고자 하는 이론은 체계적으로 수련을 받아야 하고, 활용할 때는 근거를 가지고 임상에 적용하여야 한다.

이론적 자료는 임상적 자료와 연관되어야 한다. 초심자들은 이론에서 나온 개념들을 요약하고 사례를 제시하는 것이 이론을 실천에 적용하는 것이라 믿을 때가 있다. 그러나 이론적 개념들은 분명하고 일관성 있게 실천 내용과 일치되어야 한다. 이론과 실천이 동시에 학습되고 있을 때, 통합을 할 수 있도록 하는 것이 슈퍼바이저의 역할이다.

5. 슈퍼비전의 관계

슈퍼비전에서는 슈퍼바이저와 수련생인 상담자가 대개 다음과 같은 문제를 검토한다. 첫째, 전략을 세우는 방식, 둘째, 기술(질문 방식, 강화 방식 등), 셋째, 상담자의 내면(역전이 등), 넷째, 내담자의 내면(전이 등), 다섯째, 상담자와 내담자의 관계, 여섯째, 문제의 핵심, 일곱째, 문제 해결 방법, 여덟째, 상담자가 곤란해하는 문제, 아홉째, 상담 전체의 흐름이다. 한편, 슈퍼비전의 영역에는 훈련 슈퍼비전과 자문 슈퍼비전이 있다. 훈련 슈퍼비전이란 상담자가 되기 위한 훈련을 받는 수련생의 슈퍼비전 과정이고, 자문 슈퍼비전이란 경험이 있고 자격을 갖춘 심리치료사가 내담자와의 작업과 관련해서 조금 더 경험이 많은 심리치료사나 그와 대등한 사람에게 자문을 구하는 과정이다(김춘경 외, 2016).

슈퍼바이저의 역할에 대해 Bernard(1979)는 슈퍼바이저가 교사, 상담자, 자문가의 역할을 하게 되는데 교사로서의 슈퍼바이저는 훈련 중에 있는 상담자에게 상담에 필요한 기법과 지식을 가르치고 전달하는 역할을 수행하고, 상담자로서의 슈퍼바이저는 수련생들이 상담 과정이나 슈퍼비전 과정에서 자신의 감정을 탐색하도록 촉진함으로써 자신을 이해하고 성장하도록 돕고, 자문가로서는 슈퍼바이지가 스스로 원하는 것이 무엇인지 진술하도록 촉진함으로써 슈퍼바이저와의 협력적인 관계를 구축하도록 돕는다고 설명하고 있다. 슈퍼바이저의 이 세 가지 역할이 슈퍼바이지에게 어떻게 전달되는가가 좋은 슈퍼비전 그리고 좋은 슈퍼바이저를 결정짓는다고 할 수 있다(지승희 외, 2014).

슈퍼바이저가 발달단계를 거쳐 숙련 슈퍼바이저가 될수록 슈퍼비전에 대한 슈퍼바이지의 평가와 만족도는 높을 것으로 예상된다. 이홍숙과 최안나(2013)의 연구에서도 슈퍼바이저의 경력에 따라 슈퍼비전 시 피드백 빈도수와 슈퍼비전 구조화 및 모델링 영역에서 유의미한 차이가 나타났으며, 경력이 높을수록 슈퍼바이지의 슈퍼비전 만족도가 높은 것으로 나타났다(윤성근 외, 2018).

슈퍼바이저의 피드백이 효과적인 상담 슈퍼비전에 기여하는 핵심적인 요소임은 실증 연구(소수연, 2012; 손진희, 2004; Heckman-Stone, 2003; Ladany et al., 1996)를 통해서도 지속적으로 확인되고 있다. 보다 구체적으로는 슈퍼바이저의 피드백은 슈퍼바이지의 상담 수행에 대한 불안을 감소시키는 동시에 자기효능감을 상승시키고(Daniels & Larson, 2001), 슈퍼바이지의 슈퍼비전에 대한 기대를 충족시키며 슈퍼바이저와의 관계를 촉진하는 요소로 보고되었다(방기연, 2006). 또한 슈퍼바이지는 슈퍼바이저의 효과적인 피드백 제공 방식을 모델링하여 내담자와의 상담 과정에서 사용할 수 있으며(Freeman, 1985), 슈퍼바이저가 제공한 피드백을 통해 슈퍼바이지는 이후에 스스로 자신의 수행에 대해 평가해 볼 수도 있다(Buhler, 1991; 이두희, 장유진, 2019 재인용).

Ellis(2001)는 부정적인 슈퍼비전 경험을 나쁜(bad) 슈퍼비전과 해로운(harmful) 슈퍼비전으로 구별해야 할 필요성을 제안한다. 나쁜 슈퍼비전은 비효율적이고 도움이 되지 않는 경험을 의미하는 것으로, 국외 연구에 따르면 이는 주로 슈퍼바이저와 슈퍼바이지 간의 권력 불균형이나 의견 불일치, 성격에서의 불일치, 낮은 슈퍼비전 동맹, 슈퍼비전에서의 전이나 역전이 등으로 인한 어려움의 맥락에서 발생한다. 한편, 해로운 슈퍼비전은 슈퍼바이지에게 심리적, 정서적 또는 신체적인 위해나 트라우마를 초래할 수 있는 슈퍼비전 행위로 정의되며 주로 슈퍼바이저의 윤리 기준 위반, 부적절한 이중 관계, 성적인 문제 등에 의해 발생한다. 슈퍼바이저가 슈퍼바이지에게 성적인 친밀감을 강요하거나, 슈퍼바이저의 권력을 이용해서 슈퍼바이지에게 부당한 이익을 취하려 하거나, 해로움이 발생할 수 있는 이중 관계를 맺거나, 슈퍼바이저가 내담자 또는 슈퍼바이지의 개인적 정보를 지키지 않는 행위, 슈퍼바이지를 공개적으로 모욕 주는 행위, 성차별, 인종차별 등도 해로운 슈퍼비전의 원인이 되는 것으로 확인되었다(Ellis, 2001; 조윤진 외, 2014 재인용).

슈퍼비전은 관계 속에서 진행되며, 두 사람 이상이 관여되기 때문에 그들의 상호작용은 슈퍼비전의 중요한 측면이다. 이러한 관계를 위하여 라포(rapport), 신뢰, 배려가 있어야 하며 참여적, 협력적, 민주적, 상호적, 존중적, 개방적이어야 한다. 또한 슈퍼바이저는 상담자를 경유해서 내담자와 간접적인 접촉을 한다. 이는 상담자가 내담자의 문제에 대하여 효율적으로 도울 수 있도록 조력하는 것이지 슈퍼바이저가 직접 내담자를 상담하지 않는다.

슈퍼비전 과정에서 슈퍼바이저의 일관된 초점과 이론의 경향, 임상 또는 슈퍼비전에 대한 철학에는 슈퍼바이지에게 전달하는 방법들이 내포되어 있는데 이는 슈퍼바이저의 스타일이나 패턴과도 연관이 있다. 슈퍼바이저는 그의 스타일이 들어 있는 슈퍼비전의 방향이나 준거의 틀을 개발하여야 한다. 이는 슈퍼비전 상호작용의 초점에 관한 것으로, 슈퍼비전이 슈퍼바이지에게 모호하거나 무의미 또는 좌절을 겪게 하지 않기 때문이다. 이와 함께 슈퍼비전의 내용은 항상 슈퍼바이지의 상담 능력 향상에 초점이 맞추어져야 한다.

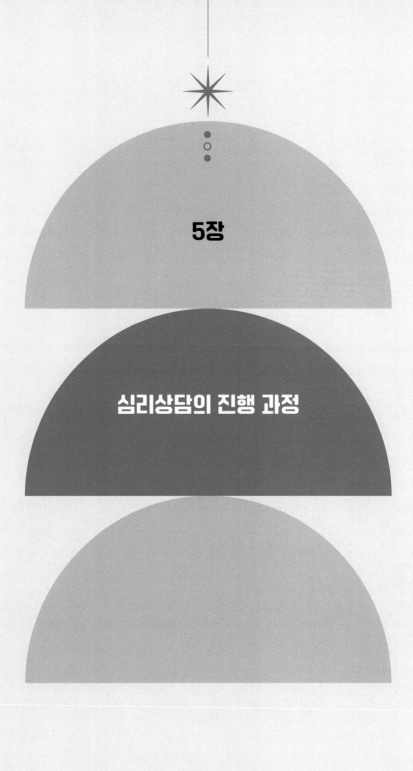

5장

심리상담의 진행 과정

1. 초기면접

초기면접은 상담 과정의 첫 시작이며, 이때 앞으로 이어질 상담에 대한 기본적 절차와 과정에 대해 다루게 된다. 상담자는 상담 동의서, 신청서, 개인정보이용 동의서 등을 작성하게 하면서 내담자에 대해 탐색하게 된다. 내담자는 상담에 대한 긴장감, 불안감, 기대감 등을 가지고 상담사와 면담을 하게 된다.

상담자는 내담자와 면접 때 상담에 관한 내용에 대해 구조화시켜야 한다. 상담자는 학력, 자격증, 상담 배경 등에 대하여 내담자에게 이야기를 해준다. 이와 함께 상담비, 상담 횟수, 상담 시간 등을 알려주어야 하며, 이와 같은 내용에 대하여 내담자가 이해할 수 있도록 설명한 다음 상담을 진행한다. 상담 진행 시 내담자의 욕구 충족과 상담 목표 달성을 위하여 내용을 초기면접, 초기, 중기, 종결기로 구조화를 시켜 진행한다. 그러나 상담기관의 특성에 따라 초기면접과 초기상담을 따로 하지 않고 초기상담에 포함시켜 진행하기도 한다. 따라서 여기에서는 상담 내용의 구조화 과정 중 초기면접의 연구 자료들에 대하여 살펴보고자 한다.

김춘경 외에 의하면, 접수면접 시 파악해야 할 주요한 정보는 다음과 같다. 내담자에 대한 기본 정보, 외모 및 행동, 호소 문제, 현재 및 최근의 주요 기능 상태, 스트레스원, 사회적 지원 체계, 호소 문제와 관련된 개인사 및 가족 관계에 대한 정보를 수집하는 것이 바람직하다. 내담자의 호소 문제와 관련하여 그 가족의 행동이나 태도 등을 알아낼 수 있도록 질문하는 것이 효과적이다(김춘경 외, 2010: 85-86).

Garfield에 의하면 첫 면접은 중요하며, 많은 사항을 고려해야 한다. 치료자는 많은 기준에 근거해서 환자를 평가한다. 환자들은 어떤 문제들을 보이는가, 그 문제들은 얼마나 심각한가, 환자들은 치료자와 협력할 관심과 동기가 얼마나 있는가, 환자들은 어떤 잠재적인 강점과 약점을 지니고 있는가, 환자의 삶에서 상황을 복잡하게 만드는 특별한 스트레스나 위기가 있는가 등에 대해서 평가해야 한다(권석만 외 역, 2006: 85).

Pledge에 의하면 초기면접 시 특유의 행동은 침묵이나 수줍음에서부터 미소나 수다에 이르기까지 다양하다. 침울함과 우울정서 간의 혼동은 상담 과정에 중대한 영향을 줄 수 있다. 이러한 구분을 돕기 위하여 그가 상담 장면에 와 있는 이유와 그것에 대해 어떻게 느끼는지에 대한 내담자의 지각을 탐색하는 것이 바람직하다. 효과적인 한 가지 방법은 내담자가 행복, 슬픔, 광기, 겁에 질림, 걱정스러움을 느끼게 만드는 것들을 그들과 함께 탐색하는 것이다. 각 정서 상태와 내담자가 식별할 수 있는 것과 그렇지 못한 것을 탐색하는 것은 내담자의 자기인식에 대한 감각과 결과에 대한 이해를 돕고 상담에서의 잠재적 예후와 성공에 대한 징후가 될 수 있다(이규미 외 역, 2009: 109).

상담자는 상담면접에 앞서 몇 가지 준비를 갖추어야 한다. 먼저, 기본적으로 상담자는 상담과 관련된 이론적 지식을 갖추어야 하고 실제 상담 경험을 쌓아야 한다. 또한 상담과 관련된 전문적 자질의 준비뿐만 아니라 내담자의 문제 해결에 방해가 되지 않게 상담자 자신이 원만하고 유연한 성품을 갖추는 인간적 자질도 준비해야 한다. 상담자가 면접에 임하기 전에 준비해야 할 사항들이 있다. 여기에는 외모와 복장과 같은, 첫인상에 영향을 주는 요소나 면접 자료의 검토와 같은 것이 있다(김환, 이장호, 2009: 141).

내담자가 상담자에 대해 갖는 첫인상은 매우 중요하다. 내담자는 대개 상담자의 모습에 대한 어떤 기대를 가지고 있는데, 이런 기대가 충족되었을 때 비교적 쉽게 상담 장면에 적응할 수 있다. 상담자에 대한 첫인상은 흔히 상담자의 복장이나 상담실의 분위기 등 일반적인 요인에 의해 결정될 수 있다. 우리 사회에서 상담자는 비교적 보수적인 복장을 하는 것이 바람직한데, 여기서 말하는 보수적인 복장이란 넥타이를 맨다든지 정장을 하는 것을 말한다. 우리나라의 경우에는 내담자 쪽에서 보수적인 복장의 상담자를 기대하는 것이 보통이다. 다시 말해서, 상담자가 아무렇게나 자유로운 복장을 차려입고 있다면 내담자는 상담자가 자신을 무시하거나 중요하게 생각하지 않는다고 오해할 수 있다.

첫인상에서 상담자의 외모, 특히 얼굴이 영향을 주는 경우가 많다. 이는 얼굴이 잘나고 못나고의 이야기가 아니라 얼마나 나이가 들어 보이느냐 하는 문제다. 일반적으로 상담자라고 한다면 나이가 지긋해 보이는 중년 상담자를 기대할 수 있다. 대개 의지하고 싶고 조언을 얻고 싶은 내담자는 연륜 있어 보이는 상담자상을 기대하기 마련이다. 그런데 상담자가 자신의 예상보다 어리다거나, 여자 상담자를 기대했는데 남자라거나, 또는 그 반대일 경우에 내담자는 다소 놀랄 수 있다.

상담자는 내담자에게 자신을 분명히 소개하고 내담자가 만나야 할 사람을 만나고 있다는 확신을 가지게 해야 한다. 때로는 젊어 보이는 상담자가 분명한 태도로 말을 하고 충분히 내담자를 다룰 수 있음을 보여 줄 때 내담자는 상담자에게 더 큰 신뢰를 갖게 되기도 한다. 그러나 이런 것은 쉽지 않은데, 단순히 말로 자신의 경력을 전달하는 것이 아니라 행동으로 내담자를 충분히 다룰 수 있음을 보여 주어야 하기 때문이다. 이 과정에서 핵심은 내담자가 상담자에게 어떤 첫인상을 받았는지, 그리고 그것으로부터 평소 내담자가 가지고 있던 기대가 어떤 것인지를 확인하는 것이다(임향빈, 2018: 34-35).

상담에서 첫 면접이 잘 진행되면 내담자는 힘을 얻고 상담에 참가하려는 동기가 증가한다. 긍정적인 상담 관계로 이어지기 위한 토대가 마련되고 내담자는 상담 과정을 이해하게 된다. 이를 위해서 상담

자는 내담자 중심의 상담을 하여야 하며, 내담자는 첫 회기에서 지지
와 격려, 공감 등을 체감하여야 한다. 즉, 내담자는 상담에 대한 긍정
적 사고를 가지게 되고 다음 상담을 기대하며 상담센터를 떠날 수 있
어야 한다.

2. 초기상담

상담은 상담자와 내담자가 서로의 신뢰를 바탕으로 상호 관계가
형성되어 내담자가 자신의 고민과 어려움을 자연스럽게 이야기할 때
효과적으로 진행될 수 있다. 상담자의 따뜻하고 허용적인 태도는 내
담자로 하여금 자신을 둘러싸고 있는 경계를 낮추게 하여 부당한 압
력에 의해 피동적으로 자신의 이야기를 하는 것이 아니라 자발적으
로 자신의 이야기를 자유롭게 하도록 돕는다. 개인상담에서 가장 중
요한 원리는 일차적으로 내담자와의 신뢰적 관계를 맺는 것이며, 그
결과 신뢰적 관계를 토대로 내담자가 자발적인 자기개방과 변화에의
도전 의지를 가지고 새로운 삶의 국면에 도전하고 성장하게 하는 것
과 관련된다(신효정 외, 2022: 123).

초기상담의 초점을 수립하는 중요한 요소는 내담자의 삶에서 중요
한 사건과 경험이 내담자의 증상과 최근 고통에 어떻게 연관되어 있

는지를 알아내는 것으로, 이는 감각이 발달된 상담자의 능력이다. 숙련된 상담자는 내담자의 언어 사용과 정서적 각성 수준에 주의를 기울여 자신의 내적인 감각을 내담자에게 의미 있게 사용하는 능력을 가지고 있다. 이것은 상담자의 경험적 수용력과 인지기능에 대한 지식을 반영하는 의미로서 내담자와의 실제적인 경험과 상담자의 삶의 경험, 그리고 상담자의 이론적 지식의 융합이다. 이러한 수용력은 초기 치료 때 탄력적이고 민감한 방식으로 개입하게 한다(Elliott et al, 2005: 146).

초기상담에서 구조화와 목표 설정이 다루어져야 한다. 이에 대하여 김계현 외에 의하면 상담 과정을 통하여 이루고 싶은 것, 변화하고 싶은 정도 등 나아갈 방향을 설정하고 이를 목표로 제시한다. 목표를 설정하지 않고 상담하는 것은 방향타가 없는 배를 타고 항해하는 것에 비유할 수 있다. 상담의 목표는 상담자와 내담자 모두에게 상담에 대한 동기를 높여 준다. 그리고 상담 과정에서 현재의 위치를 알게 해 준다. 따라서 내담자가 상담의 목표를 설정하고 상담에 대하여 높은 동기를 소유함으로써 상담 진행 과정에 대한 두려움을 줄일 수 있다. 그리고 상담의 진행 과정에 대한 궁금증을 줄이고 상담의 효과를 최대한으로 높이기 위하여 상담자는 내담자에게 상담의 기본 성격, 상담자 및 내담자의 역할 한계, 바람직한 태도 등을 설명하고 인식시킨다. 이러한 구조화는 상담의 초기 단계뿐만 아니라 그 이후에도 필요한 경우에는 반복적으로 실시할 수 있다(김계현 외, 2022: 283).

이와 함께 일반적으로 상담은 현재의 문제 증상만을 해결하는 것이 아니라 이 증상이 재발하지 않게 그 뿌리를 치료하려는 목적을 지닌다. 따라서 내담자의 과거 경험, 가족사 등 인생 전반에 걸친 부분을 다루게 된다. 여기서 우리는 당면 문제와 성격 문제와의 관련성에 대해 생각해 보아야 한다. 당면 문제는 현재 내담자가 호소하고 있는 증상이나 겉으로 드러나는 문제를 말하는 것이고, 성격 문제는 현재 증상의 뿌리가 되는 기본적인 취약성을 말한다. 상담소에 찾아오는 사람은 감당할 수 없는 당면 문제가 생겼을 때 찾아온다. 당면 문제는 현재 상황의 스트레스라든지 환경적인 요인 때문에 생길 수 있다. 하지만 똑같은 스트레스를 받았다고 모든 사람이 우울해지거나 불안해지거나 분노를 참지 못하게 되는 것은 아니다. 사람에 따라 성격이 차분하고 안정된 사람이 있는 반면, 스트레스에 취약하게 반응하는 사람이 있다. 보통 상담은 당면 문제에서 시작하지만, 성격 문제를 다루지 않고 상담을 마친다면 그 효과가 일시적이고 지속되지 못하기에 불완전한 상담이라고 할 수 있다(김환, 이장호, 2009: 233).

상담자는 내담자에 관한 선입견이나 편견을 가져서는 안 되며, 상담에서 안전감과 신뢰감을 주어야 한다. 그러나 상담자도 완벽할 수 없기 때문에 내담자의 문제를 잘못 평가하거나 중요한 부분을 놓칠 수도 있다. 상담 초기에 내담자에 대해 평소와 다르게 지나치게 강한 감정을 느낀다면 다른 상담자에게 의뢰할 것을 고려해 보아야 한다. 상담자가 내담자를 두려워하거나 내담자에게 성적 매력을 느낄 수도 있으며, 역전이가 일어나 개인적으로 혐오하거나 가치관이 달라 대화가 통하지 않는다고 느낄 수 있다. 이러한 문제들은 상담 초기부터 나타나기에 상담자는 내담자의 반응뿐만 아니라 자기 자신의 반응을 평가하여 상담의 방향을 올바로 설정해야 한다. 이와 함께 상담자는 자신의 전문 분야를 넘어선 상담 내용이 전개되었을 때에 내담자에게 양해를 구하고 다른 전문 상담자에게 의뢰하여야 한다(임향빈, 2018: 40).

그러나 환자를 다른 분석가에게 의뢰하는 경우 단 한 번의 상담을 한 경우라 해도 심각한 문제를 일으킬 수 있다. 만약 첫 번째 면담에서 면담했던 분석가가 환자를 치료할 수 없는 경우라면, 이 사실을 환자에게 알려 주는 것이 가장 좋은 방법이다. 이러한 점을 환자가 이해한다 하더라도 분석가는 치료 초기의 전이와 치료 의뢰 과정에서 환자에게 생길 수 있는 거절감을 예상할 수 있다. 따라서 의뢰가 어떤 특수한 정서적 상처를 주게 될 것인가를 아는 것이 중요하다. 예를 들어 어린 시절에 그 어머니 또는 아버지에 의해 친척이나 유모에게 넘겨졌던 환자의 경우가 그러할 것이다. 또는 환자가 더 젊은 분석가에게 의뢰된다면 그의 자부심에 상처를 받게 될 것이다(이근후 외 역, 1992: 112).

따라서 상담자는 내담자에 대한 선입견이나 편견을 배제해야 하고, 믿음과 신뢰를 형성해야 하며, 탐색을 해야 한다. 상담 과정에서 내담자가 감정에 젖어 역동이 일어나면 상담자는 감정이 가라앉을 때까지 기다려 주어야 한다. 이는 내담자를 있는 그대로 받아들이고, 내담자 중심의 상담을 해야 하기 때문이다. 즉, 상담자는 내담자와의 관계형성과 탐색에 초점을 맞추어 진행해야 한다. 이를 위하여 상담자가 가지고 있는 이론적 배경과 기법 등이 사용되며, 내담자의 긍정적 변화와 치유를 위한 탐색이 이루어지면 다음 단계인 중기상담으로 이어지게 된다.

3. 중기상담

상담의 중기가 시작되면 상담자는 상담의 진행 과정에 관하여 생각하고 초기에 가졌던 생각을 수정하거나 확인하여야 하며 경우에 따라서는 내담자의 요구에 따라 상담의 목표를 재수정하는 등 능동적으로 대처해야만 한다. 즉, 내담자에게 관심을 보이고 경청과 공감을 하여 내담자의 감정과 관심사를 반영해 주어야 한다.

내담자는 초기상담에서 얻은 지식의 일부를 적용하고 자기에 대한 이해를 넓히기 시작한다. 이전에 제기되었던 점들을 확장하고 실제에서 검증하고, 질문하고, 수정한다. 심리치료의 중기는 치료의 비중이 크며 내담자의 변화에 있어서도 중요한 부분을 차지한다. 초기상담에서는 내담자에 대한 깊숙한 탐색이나 질문을 피할 수 있지만 중기에서는 내담자의 문제를 더 잘 이해하게 되고 관계가 더 발전되었다고 생각할 때까지 깊이 있는 탐색이나 질문을 하게 된다. 상담자는 이전에 다가가기 힘들었던 내담자의 신념, 지각, 행동들을 언급할 수 있으며 내담자는 그러한 것들에 직면하게 되고 이전의 치료보다 상담자와 내담자는 더욱 적극적인 상호 교류가 일어난다(임향빈, 2018: 41-42).

상담자는 내담자가 자기이해와 합리적 사고를 갖출 때까지 적극적으로 상담에 임하도록 도울 뿐만 아니라 내담자의 새로운 견해나 인식이 실생활에서 실현될 수 있도록 내담자의 의사결정이나 행동 계획을 돕는다. 내담자가 자신의 모습과 중요한 사람들과의 관계, 그리고 과거의 주요 경험 등에 대하여 과거와는 다른 새로운 시각에서 볼 수 있게 되고 또한 세상을 보는 시야가 넓어지는 단계다. 과거의 비합리적 사고로부터 보다 합리적인 사고로 변화되고, 왜곡된 관점과 정형화된 시야로부터 벗어나서 분명하고 통합된 시야를 가짐으로써 내담자는 새로운 세상을 경험하고 과거와는 다른 자유로움을 경험한다. 이러한 경험을 반복적으로 할 수 있도록 하여 일상생활에서도 이런 경험을 할 수 있게 되는 것이 상담의 중간 목표다. 따라서 내담자는 상담의 목표에 도달하기 위해 자기이해와 합리적 사고를 갖출 때까지 적극적으로 상담에 임해야 한다. 이 단계에서 상담자가 주의해야 할 점은 내담자가 상담을 도중에 그만두려고 하거나 직·간접적인 저항을 보일 수 있다는 점이다. 자기를 탐색하고 사고방식을 변화시키는 것이 내담자 스스로에게 쉽지 않을 뿐만 아니라 심리적으로 부담을 주는 일이기 때문이다(김계현 외, 2022: 284).

Garfield에 의하면 심리치료의 중기가 시작되면서 상담자와 내담자는 치료 과정이 어떤 것이며, 치료를 통해 무엇을 성취하기를 원하는지에 대해 보다 명확히 알게 된다. 대부분의 경우에 치료자는 무엇을 해야 하는가에 대한 처음의 자기 생각을 수정하거나 확인한다. 그리고 치료 계획이 제대로 적용되는지를 검토하기 시작한다. 치료자의 역할과 활동 중 어떤 측면들은 남은 치료 기간 동안에도 계속 유지되고 지속될 것이다. 치료자는 계속해서 내담자에게 관심을 나타내고 주의 깊게 공감하는 경청자가 되어야 한다. 이와 동시에 치료자는 특정한 활동과 절차를 더 많이 사용할 수도 있다. 예를 들면, 치료자가 내담자와 내담자의 어려움을 보다 깊이 이해하게 됨에 따라 내담자의 과거와 현재의 적응에 관하여 더 많은 설명과 해석을 하는 경향이 있다. 치료자는 또한 정보 제공, 역할 연기, 인지적 재구조화, 이완, 숙제 할당, 그리고 유용한 것으로 보이는 다른 절차와 기법들도 사용하게 된다(권석만 외 역, 2006: 140).

상담의 중반부에서는 문제 해결의 시도 및 평가 작업이 끊임없이 반복되어야 한다. 상담 중반의 난관이 극복되고 내담자의 저항이 건설적인 방식으로 해결되어 가면 내담자에게 필요한 변화가 조금씩 나타날 것이며, 내담자 쪽에서도 이 변화의 가치를 알게 될 것이다. 상담의 평가가 점점 만족스럽게 될수록 내담자와 이별을 준비하는 종결 단계가 다가오게 된다(김환, 이장호, 2009: 272).

상담의 중기단계는 상담자와 내담자가 초기상담에서 설정했던 상담 목표에 초점을 맞추어 진행하며, 내담자의 변화와 치유를 위한 중요한 단계이다. 상담 과정에서 때로는 내담자의 핵심 문제, 걸림에 대하여 직면을 시켜야 한다. 직면은 내담자의 아픈 부분을 건드리는 것으로 저항이 나타나기도 한다. 이러한 저항의 형태는 때로는 액팅 아웃(acting out)으로 표출되기도 한다.

행동화는 내담자가 자신의 내적 갈등을 회피하고 말로 표현하지 않은 채 행동으로 표현하는 것으로, 무의식적 저항이다. 이는 스스로 감당하기 어려운 경험으로부터 보호하려는 방어기제인 것이다. 이러한 행동화는 저마다 표출하는 방법들이 다르며 이는 살아오면서 경험한 바에 따라 어떤 내담자는 언성을 높이고 괴로워하며 공포 분위기를 조성하기도 한다. 어떤 내담자는 큰 소리로 울거나 소리 없이 눈물을 흘리기도 한다.

따라서 중기상담에서 상담자는 내담자의 미해결과제와 걸림에 대해 직면과 둔감화 작업을 한다. 이 과정을 통하여 내담자는 자기 자신을 되돌아보게 되며 자각과 통찰이 일어나도록 유도한다. 내담자는 직면과 둔감화를 통하여 주요 경험 및 사건에 대하여 주관적 사고에서 벗어나게 되며, 객관적으로 자신의 문제를 바라보게 된다. 이를 통하여 내담자는 긍정적 변화와 치유가 나타나기 시작하고, 핵심 문제로부터 벗어나 보다 더 나은 성숙한 삶을 추구하게 되며, 종결을 준비하게 된다.

4. 종결상담

상담자는 상담 관계의 시작과 더불어 설정한 상담 목표를 어떻게 달성할 것인가와 더불어 종결에 대한 준비를 해야 한다. 정상적인 절차에서 종결은 내담자의 미해결과제가 해결되어 상담 관계를 마무리하는 것을 의미한다. 상담의 종결은 상담자와 내담자가 유지해 온 친숙한 관계를 청산하는 것을 의미하기 때문에 내담자는 심한 정서적 혼란을 경험할 수도 있다. 따라서 상담자는 이별에서 비롯되는 내담자의 감정 처리가 자연스럽게 이루어질 수 있도록 적절한 절차에 따라 상담을 종결해야 한다(노안영, 송현종, 2007: 212).

종결은 상담 부분에서 중요한 부분이므로 계획적이고 기술적으로 다루어져야 하며, 상담자는 내담자가 갖는 심리·정서적 요인을 고려하여 신중하게 계획하여야 한다. 상담자는 종결에 대한 방어에 관한 정보를 얻기 위한 방법으로 종결이 다가오고 있음을 언급해야 하며, 명료화, 지지, 격려 등을 통해 중심 문제를 다루게 된다. 상담 기간 중 내담자는 상담자에게 의존하게 되며, 종결에 대한 아쉬움과 이별과 분리에 관한 정서를 경험하게 된다. 따라서 상담자는 내담자에게 종결 몇 회기 전에 종결에 대한 고지를 하여야 하며 애도 기간을 가져야 한다(임향빈, 2014: 62).

이별과 상실이라는 것은 무언가 자신에게 중요한 것을 잃어버리는 것이라고 했는데, 이때 상실을 애도하는 사람의 독특한 반응은 이별한 사람이 보였던 의미 있는 특징을 마음속에 내면화하는 것이라고 한다. 즉, 상실의 공백을 메우기 위해 이별한 사람의 특징을 마음속에 담아 둔다는 것이다. 프로이트는 이 과정에서 우울감이 생긴다고 하였다. 따라서 이별 과정에서 생기는 우울감은 떠나간 사람을 마음속에 담아 두는 과정에서 자연스럽게 생기는 것이고, 본질적으로 건강한 것이다. 부모님이 돌아가셨을 때 우리는 부모님을 상실하지만 마음속에 부모님에 대한 추억을 다시 채워 넣지 않는가. 사랑하는 사람이 떠났을 때 우리는 그 사람을 다시 만나지 못하지만 그 사람과의 추억을 마음속에 남기지 않는가. 마찬가지로 내담자는 상담자와 이별하면서 상담자가 했던 말과 상담자가 보여 주었던 따뜻한 감정을 마음속에 내면화한다. 종결도 일종의 이별 과정이고 애도 과정이기 때문에 내면화를 동반하게 된다. 성공적인 종결은 성공적인 내면화를 통해서 그 사람의 자아를 더욱 튼튼하게 만들어 준다. 즉, 자신을 위해 주고 아껴 주는 누군가를 가슴에 따뜻하게 간직하고 그 대상을 떠나보내는 것이다(김환, 이장호, 2009: 298).

모든 일에 시작이 있으면 끝이 있듯이, 심리상담 역시 마찬가지다. 상담자는 내담자의 미해결과제, 걸림 등에 대해 지지, 격려, 공감 등을 통하여 탐색한다. 이를 통하여 상담 목표를 정하고 상담을 시작하게 되며, 상담 과정에서 내담자는 핵심감정에 직면하여 감정 표출을 하기도 한다. 상담자는 자신이 알고 있는 상담이론 및 기법들을 활용하여 내담자의 긍정적 변화와 치유를 위한 상담을 한다. 상담자는 내담자가 기대하고 있는 상담에 대한 욕구를 충족시키며 종결을 준비하게 된다. 종결은 상담자와 내담자가 심리적 연결 상태에서 분리되는 것을 의미한다. 상담 과정 중에 내담자는 상담자의 조력에 의하여 삶을 이끌어 가지만 종결 이후에는 상담자에게 의존하던 틀에서 벗어나 자주적인 삶을 살아가야 한다. 이 과정에서 내담자는 상담자와의 분리됨이 편하지 않을 수도 있다.

특히 성장 과정에서 양육자와의 원치 않는 이별이나 헤어짐, 또는 유기의 경험을 하였다면 내담자가 느끼는 불안이나 고통은 견디기 어려울 만큼 크게 다가올 수도 있다. 즉, 분리불안이나 격리불안 또는 유기 경험은 내담자가 느끼는 감정에 따라 다르지만 어떤 내담자의 경우에는 죽음보다 더 큰 고통을 느끼기도 한다.

따라서 이러한 내담자의 마음을 헤아려 상담 종결회기 전에 애도 기간을 가져야 한다. 이는 단기상담이나 장기상담 모두에서 나타나기에, 단기상담에서는 상담자가 종결 이전 회기에 다음 상담이 마지막 상담이라는 것을 고지해야 한다. 장기상담에서는 종결 2~3회기 전에 내담자에게 상담의 종결을 이야기해야 한다. 이와 함께 그동안 상담 과정에서 의존하였던 마음에서 벗어나 독자적으로 삶을 이끌어 가도록 해야 한다. 또한 지지, 격려와 함께 상담 과정에서 경험한 좋았던 부분이나 보완할 내용에 대하여 나누고, 살아가면서 어려운 일들이 생기면 언제든지 상담을 받을 수 있다는 점에 대하여 이야기해 주면서 심리적 안정감을 준다. 그러나 내담자가 독립적으로 살아가지 못하고 의존심을 키우도록 분위기 조성을 하여서는 안 된다. 심리상담은 항상 내담자의 복리에 우선순위를 두어야 한다.

6장

심리상담의 이론적 모델

1. 관계형성이론

관계형성이론은 관계 안에서 상처받은 내담자가 자신의 틀에서 벗어나 삶의 질이 향상되도록 형성시켜 주는 이론이다.

1) 관계형성이론의 이해

관계형성이론은 필자(임향빈)에 의해 창안된 이론이다. 관계형성이란 관계와 형성이 결합한 용어로서 개인의 내적 정신세계와 외적 세계의 삶에 자각과 통찰을 통하여 긍정적 변화가 나타나도록 영향을 주는 것을 의미한다. 관계는 둘 이상의 사람, 현상, 사물 등이 어떤 방면이나 영역에서 서로 관련을 맺거나 관련이 있는 것이다. 씨실과 날실이 엮이어 다양한 천을 만들어 내듯이 인간의 관계도 만나는 대상에 따라 그 모양과 모습이 다르게 표출되는데 이것이 관계의 영향이다. 따라서 누구를 만나는가에 따라 긍정적 표상 또는 부정적인 표상으로 자리를 잡게 된다.

관계는 주체 또는 자기에게 심리적 중요성을 가진다. 주체의 마음속에 존재하는 관계는 내적 대상이며, 이는 때때로 관계표상이라 불린다. 모든 외부 현상은 마음속에서 표상되며, 내적 관계표상이란 주체에 의해 형성된 관계의 다양한 속성들로 신체적, 지적, 정서적 혼합물이다.

형성이란 강화를 받은 모든 행동이 모여 바람직한 행동을 이루도록 하는 것을 말한다. 행동의 형성이란 상담자가 원하는 방향 안에서 일어나는 다양한 반응들만을 강화하므로 원하는 방향의 행동을 습득하도록 하고, 원하지 않는 방향의 행동에 대해서는 전혀 강화를 받지 못하도록 하여 결국 원하는 방향의 행동을 할 수 있도록 하는 것을 가리킨다(임향빈, 2021: 14-15).

관계형성상담에서는 내담자의 마음의 병, 심인성 질환, 트라우마, 핵심감정, 걸림 등의 긍정적 변화와 치유를 중요시한다. 내담자는 삶의 과정에서 자신이 경험한 부정적 요인으로 인하여 주체적인 삶을 이어가지 못하고 관계 속에서 어려움을 겪는다. 이를 해결하고자 자신이 아는 방법으로 노력하지만 마음의 병은 점차 심화되어 삶의 질은 낮아지게 된다.

관계형성상담의 목적은 내담자의 역기능적인 개인 내적역동에 대한 통찰을 통하여 자아기능을 강화하고 현실적이고 수용적 태도를 배양하는 것이다. 긍정적 변화와 치유를 통해 보다 성숙한 삶을 실현하도록 조력한다. 관계형성상담의 특징은, 내담자가 성장 과정에서 경험한 요인들이 성격과 성향 및 가치관에 영향을 미쳐 현재 상황에 이르게 되었다고 보는 것이다. 내담자의 어떠한 경험이 핵심감정에 영향을 미치게 되었는지 그 원인을 살펴보고 미해결과제를 다루어 더이상 내담자의 삶에서 어두운 그림자가 부정적 요인으로 작용하지 않도록 조력하여 삶의 질을 향상시킨다. 즉, 관계 안에 미해결과제, 트라우마, 걸림 등으로 인하여 삶의 질이 낮은 내담자의 부정적 영향의 원인을 탐색하고, 직면과 둔감화를 시켜 긍정적 변화와 치유를 이끌어 내어 삶의 질을 향상시켜 준다.

관계형성상담의 진행 과정은 초기, 중기, 종결기로 나누어서 진행하고 과정마다 활용하는 기법들이 있다. 초기에는 라포형성, 탐색에 초점을 맞추어 진행하고 있으며 이를 위해서 가계도, 과거탐색 기법, 과제부여 등을 활용하고 있다. 중기에는 직면과 둔감화를 통한 내담자의 자각과 통찰을 유도하여 긍정적 변화를 이끌어 내도록 한다. 이를 위하여 주요 치유적 활동 요소는 직면, 둔감화, 말속의 말 찾기, 질문하기, 과제부여 등을 활용하고 있다. 종결기에는 애도 기간, 삶의 질 향상과 상담 과정에서 도움이 되었던 점, 보완해야 할 부분 등에 대하여 나누고 지지, 격려를 하면서 종결한다.

2) 관계형성이론의 심리적 발달 과정

인간은 태어나면서 양육자의 보호 아래서 성장 과정을 거친다. 아이가 성장하면서 양육자를 통하여 경험하게 되는 수많은 느낌들이 각기 하나의 표상을 만든다. 이러한 표상들이 한 인간의 정서를 총괄하는 무의식 세계를 구성한다. 곤충이 우화 과정을 거치면서 성충이 되듯이, 인간은 생후부터 성인에 이르는 삶의 과정에서 심리적 성장과 변화가 두드러지게 나타나는 시기가 있는데 그 내용은 다음과 같다.

1단계: 심리적 우화변환기

생후부터 100일 전후이고, 생후 100일쯤에 오감이 열리기 때문이다. 오감은 인간으로서 갖추어야 하는 중요한 감각으로, 시각·청각·후각·미각·촉각의 5가지 감각기관을 의미한다.

2단계: 심리적 밀착기

100일 무렵에서부터 18개월 정도다. 아이는 자신의 의사와 관계없이 양육자와 지내야 하며, 이 시기에는 양육자를 알아보게 되고, 밀착하게 되며 인간으로서의 삶을 살아가게 된다.

3단계: 심리적 분리기

약 19개월부터 36개월이며, 아이가 양육자로부터 필요한 사랑과 보호를 충분히 받음으로써 아이는 양육하는 사람을 믿고 의지하게 된다. 이때의 믿음과 의지가 아이로 하여금 양육자로부터 떨어져 독자적으로 활동해도 되겠다는 생각을 하게 된다.

4단계: 심리적 욕구 충족기

37개월에서 60개월 정도다. 아이는 이때 이성 부모로부터 충분한 사랑을 받아야 한다. 이성 부모로부터 원하는 만큼 사랑을 받았을 때 아이는 다시 동성 부모와 동일시하며 동성 부모의 행동을 모방하고 동성 부모와 같이 행동을 하게 된다.

5단계: 심리적 갈등 혼재기

11세 전후부터 심리적으로 성인이 될 때까지로 본다. 이 시기는 신체적, 정서적, 감정적, 행동의 변화가 심하게 나타나며 자신의 정체성을 강화하고자 하는 시기다. 변화된 자기 정체성은 내면의 복잡한 변화 과정과 사회적 인식의 변화를 통합시킨다.

6단계: 심리적 성숙 독립기

30대 전후이며, 배우자와의 만남으로 새로운 가정을 만들거나 부모로부터 독립을 하게 되며, 이전에 경험하지 못했던 새로운 변화를 맞이하는 시기를 의미한다. 삶의 여정에서 활동 영역이 확장되며, 자립의 기틀을 세우고 중심 돌을 세우는 중요한 시기이다.

7단계: 심리적 틀 비우기

약 70세 이후부터 죽음을 맞이하게 될 때까지를 의미한다. 이 시기에는 신체적, 정서적, 정신적 기능의 저하와 빈곤, 고독, 허무함, 공허함 그리고 사소한 일에 대한 욕심, 집착, 서운한 감정이 일어나는 마음 등에 이전 시기에 비하여 더 많은 변화가 나타난다. 따라서 틀은 일정한 격식이나 형식으로, 여기서 의미하는 틀은 인간의 마음속에 자리 잡고 있는 가면(persona), 그림자(shadow), 참나(self)이며 비우기는 내려놓기를 의미한다.

2. 대상중심이론

1) 대상중심이론의 이해

대상중심이론은 임종렬(1936-2005)에 의해서 창안된 이론이다. 대상중심이라는 용어의 정의는 나와 타인과의 관계에서 타인이 중심이 된다는 것이다. 대상중심이라는 말이 있는 곳에는 대상이라고 하는 중요한 타자가 존재한다는 것이다. 중요한 타자인 대상이 있어야만 대상을 중심으로 하는 관계가 형성되기 때문이다(임종렬, 2001: 13).

임종렬의 대상중심이론에 의하면 어머니(양육자)는 그의 세상에서 자녀를 낳고 양육하며 자녀의 정신을 만들어 내는 절대적인 역할을 한다고 하였다. 자녀의 정신이 역기능적이었을 때는 어머니를 치료해야만 자녀의 정신질환이 치유된다고 믿고 그러한 방법으로 심리·정신적 어려움을 겪는 내담자를 치료한다고 하였다. 또한 그는 인간의 성장 과정에 있어서 어머니(양육자)의 영향에 의해서 자녀의 성향이 달라지며, 이는 양육자를 절대시하는 영아의 의존적 생태 때문이다. 가족이 기거하는 가정은 어머니(대상)를 중심으로 구성되어 있기 때문에 어머니의 정신적인 분위기는 가족 전체의 분위기다. 자녀 양육에 무관심한 양육자는 특별한 동기가 주어지지 않는 한 자녀가 원하는 따뜻한 사랑과 보호를 영원히 거절하는 경향이 있기 때문에 이러한 환경 속에서 어린 시절을 보낸 자녀는 성장 과정에서 받지 못한 부분을 양육자에게 갈구하게 되며 부정적인 자아가 형성된다. 따라서 미해결 과제에 의하여 무의식에 고착된 심리 현상은 치료적 개입이 없는 한 영원히 해결되지 않는 병리적 특성으로 자기의 표상의 세계에 남아 있게 된다. 임종렬은 어머니(양육자)의 에너지를 긍정적으로 활용 가능하게 하는 기능을 강화해 주는 것만이 자녀가 가지고 있는 역기능적 심리 현상에서 벗어나 기능적으로 회복하게 하는 근본이 된다고 하였다(임향빈, 2014: 30-31).

대상중심이론에서 치료적 접근은 양육자에 의해서 공급된 부정적인 에너지를 치료자의 중재에 의해서 긍정적인 에너지로 대치시키는 과정이라고 할 수 있다. 특히 긍정적인 에너지 공급의 의미와 방법을 모르고 있었던 부모에게 긍정적인 에너지를 생산 및 공급하는 방법을 제시하고 이를 활성화할 수 있도록 협조하는 치료적 중재를 절대시해야 한다(임종렬, 2001: 302).

모든 정신질환은 가족의 무의식적 가정에 의해서 인위적으로 만들어진 것이다. 그렇기 때문에 가족의 도움이 없는 가족상담 특히 양육자의 적극적인 참여가 없는 가족상담은 좌초를 예상한 항해와 같다. 가족의 병리를 상담하는 가족치료의 좌초를 막기 위해, 대상의 격리 개별화를 완성시켜야 하는 상담의 효율성을 위해, 가족 모두가 유기감을 느낄 필요가 없는 성공적인 가족치료를 위해 대상이 중심이 되는 가족상담의 절대성에 대한 인식을 권유한다(임종렬, 2002: 372).

대상중심이론에서 중요한 개념은 양육자(어머니)를 절대시하는 영아의 의존적 생태다. 임종렬(2002)에 의하면 아이는 성장 과정 중 양육자와의 관계 속에서 경험한 모든 것을 영상화하여 내재화한다. 양육자와의 관계에 의해서 형성되고 발달된 아이의 성격과 관련된 병리적 요인을 다루고자 한다면 양육자의 무의식적 가정(假定)을 탐색하여 문제의 원인을 파악하여야 한다. 즉, 자녀의 문제를 치유하기 위해서는 그를 양육한 양육자의 변화와 치유를 위한 중재가 우선시되어야 한다고 하였다.

대상중심상담에서 사용하는 기법은 지지적 치료 기법, 탐험적 치료 기법, 표현적 치료 기법이다.

지지적 치료 기법

효과적 대화의 가교를 창조하여 곤궁에 빠진 내담자가 치료적 관계를 통하여 자신들이 원하는 것을 성취할 수 있도록 돕는다.

탐험적 치료 기법

방어기제의 과다한 활용으로 우울과 분노, 두려움, 죄의식, 수동성과 무기력 그리고 공허감과 폐기감 때문에 고통을 받고 있는 자아를 구제하기 위한 기법이다.

표현적 치료 기법

명료화와 해석을 위주로 전이 탐색에 초점을 맞춘다. 취약한 자아의 기능과 주체성 용해 그리고 원시적인 방어기제를 동원하여 자신을 괴롭히기 위한 목적으로 타인을 괴롭히는 행위, 즉 매달리는 행위를 조정하기 위한 기법이다.

2) 심리성장의 발달단계

대상중심이론에서는 생후부터 60개월을 중요시한다. 이 시기에 양육자로부터 아이가 원하는 사랑을 충분히 받았다면 그 시기 이후 외부환경은 아이의 심성 변화에 영향을 미치지 않는다. 아이가 60개월 동안 지내는 과정에서 양육자로부터 소외되거나 어려움을 겪게 되면 마음의 병의 원인이 되는 유발인자가 형성된다. 임종렬은 발달단계를 4단계로 나누었는데 자폐기, 공생기, 격리개별화기, 오이디푸스 갈등기이다.

1단계: 자폐기

생후부터 3개월로, 출생 초기 주변 사람들의 분위기가 그 아이가 살아갈 분위기로 작용한다. 아이가 살아갈 분위기가 냉담하고 거칠다면, 그 아이는 양육자로부터 받아야 될 사랑을 받지 못하는 환경이 될 것이다. 거친 환경 속에서 자라는 아이들은 그 아이가 태어날 때 가지고 태어난 자폐의 각질을 벗지 못한다. 자폐의 각질 속에 싸인 채로 성장한다면 그 아이는 결국 자폐아 이상의 성장을 하지 못한다. 자폐아는 생후 100일이면 그 증상이 나타난다.

2단계: 공생기

생후 4개월에서 18개월로, 이 시기에 아이가 필요로 하는 것은 아이를 양육하는 사람과 완벽하게 밀착된 관계를 갖는 것이다. 밀착된 관계 속에서 아이는 양육하는 사람으로부터 필요한 사랑과 보호를 받고 있다고 생각한다. 필요한 사랑과 보호를 충분히 받음으로써 아이는 양육하는 사람을 믿고 의지하게 되며, 아이가 원하는 대로 이루어지기 때문에 아이의 입장에서는 환상의 시기라고도 한다. 이 시기에 양육자로부터 소외되거나 트라우마를 겪게 되면 우울, 조울, 조현병의 인자가 형성되어 청소년 시기 이후 조건이 갖추어지면 잠복하고 있던 인자가 활성화된다.

3단계: 격리개별화기

생후 19개월에서 36개월로, 아이가 자율성을 갖고자 한다. 방바닥이나 벽에 낙서를 하거나 밖으로 나가려고 한다. 이 시기에 아이의 자율성을 지나치게 제한하거나 불행하게 보내게 된다면 반사회적 성격, 경계선 성격, 인격장애, 다면성 정신장애 등과 같은 정신질환을 일으킬 잠재성을 가지게 된다. 청소년 시기 이후 조건이 갖추어지면 잠복하고 있던 인자가 활성화된다.

4단계: 오이디푸스 갈등기

생후 37개월에서 60개월로, 오이디푸스 갈등기는 이성 부모를 연인으로 생각하고 사랑하는 시기다. 아이는 이때 아이가 원하는 만큼 이성 부모를 사랑할 수 있어야 하고, 이성 부모로부터 충분한 사랑을 받아야 한다. 이성 부모로부터 충분한 사랑을 받았을 때 아이는 다시 동성 부모와 동일시하게 되고 이때 비로소 아이는 동성 부모가 행하는 역할을 모방하고 동성 부모와 같이 행동하게 된다. 이 시기에 이성 부모로부터 아이가 원하는 사랑을 받지 못하게 되면 나르시시즘, 신경증 인자가 형성되어 청소년 시기 이후에 조건이 갖추어지면 활성화된다.

3. 정신역동이론

1) 정신역동이론의 이해

정신역동적 상담의 창시자는 Sigmund Freud로, 최초로 포괄적인 성격이론 및 심리치료의 체계를 확립하였다. 정신역동적 상담의 주된 개념은 정신분석이며 인간의 무의식, 초기 경험, 성(性), 공격성 등을 강조하면서 인간을 비합리적이고 결정론적인 존재로 보았다. 그리고 인간의 행동은 비합리적 힘, 무의식적 동기, 생물학적 및 본능적 충동, 생의 초기 6년 동안의 심리성적 욕구에 의해 결정된다고 보고 있다. 또한 인간의 무의식 속에 잠재해 있는 어린 시절의 심리성적인 사건이 성격을 형성한다고 보았다(김춘경 외, 2010: 63).

정신분석학에서는 정신역동이라는 개념을 고안했다. 정신역동은 어린 시절 부모나 기타 중요한 주변 인물들과의 관계에서 비롯된다. 오이디푸스적인 갈등을 너무 심하게 경험하고 그 갈등을 적절한 수준으로 해소하지 못한 사람은 어머니와 아버지 사이에서 경험한 심리적 갈등이 무의식에 잠재된다. 정신분석이론에서는 이것을 미해결 갈등이라고 부른다. 미해결 갈등은 한 개인의 정신역동을 이해하는 가장 중요한 개념 중의 하나이다. 왜냐하면 미해결 갈등은 그의 일생을 통해서 그의 행동, 인지, 감정에 부단히 영향을 미치기 때문이다. 이와 같이 정신역동은 정체된 것이 아니라 항상 영향을 미치는 움직이는 속성을 가지고 있다(김계현 외, 2022: 67).

정신역동 상담은 현재의 병리 증상을 중요하게 여기지만 그가 경험한 초기 경험도 중요하게 여긴다. 이는 내담자가 경험한 어린 시절 초기 경험은 무의식에 저장되어 있으며, 이후 삶의 과정에 영향을 미치기에 무의식을 이해하는 것이 내담자의 현재 행동 패턴과 삶의 문제를 해결하는 데 중요한 역할을 한다는 것이다. 정신역동이론의 원리와 접근, 즉 내담자의 성장 과정, 성격에 미치는 영향, 방어기제, 자각, 통찰 등은 내담자의 긍정적 변화와 치유를 이끌어 내는 데 유용하다.

2) 심리성적 발달

1단계: 구강기

생후부터 18개월 정도의 시기이며 마음속에서 입이 차지하는 비중이 크고 표현 방법이 입, 입술, 혀와 그 밖의 입 근처 기관에 집중되어 있는 시기이다. 유아는 수용적이고 대상에 대한 개념이 없어서 자동성감과 자기도취를 특징적으로 나타낸다. 그 예가 손가락 빨기 등이다. 이때 느끼는 감각으로는 젖을 빠는 즐거움, 포만감(만족), 배고픔(고통), 삼키는 것 등이다.

따라서 구강기를 어떻게 보내느냐가 유아의 장래 성격 특성을 형성하는 데 큰 영향을 미치게 된다. 이 시기에 고착된 성격 형태를 구순적 성격이라고 하는데 구강기의 욕구 만족 및 좌절 여부는 구순기적 성격의 토대를 이루게 된다. 이러한 성격은 구순 수동적 성격과 구순 공격적 성격으로 나누어진다. 구순 수동적 성격의 특징은 지나친 낙관주의, 과잉신뢰, 타인의 평가에 대한 지나친 의식 등이며, 구순 공격적 성격의 특징은 논쟁적, 괴롭힘, 냉소적, 무차별적 공격성 등이다.

2단계: 항문기

생후 18개월부터 36개월까지를 지칭하는 항문기는 마음속의 관심이 신체 그 어느 부위보다 항문과 요도에 가 있는 시기이며, 본능적 욕구로서 배변, 배뇨행동이 주된 관심의 대상이고 또한 쾌감의 근원이 되는 시기이다.

이 시기는 항문기로써 자율성이 형성되며, 공격성이 더 강해진다. 유아는 항문으로 대표되는 배설기관에 의한 성적 쾌감을 즐기고, 배설 과정에 대해 독특한 관심을 갖게 된다. 이 시기를 원만하게 보낸 유아는 장차 자주적이고 앞장서며, 자기 판단과 결정으로 머뭇거림 없이 행동하고 협조심이 많으며, 긍지와 자긍심이 높게 형성되는 경향이 있다.

반대로 욕구의 과잉충족이나 과잉좌절을 계속 맛본 유아는 두 가지 길을 걷게 되는데 그 하나는 부모에게 야단맞을까 겁을 내어 칭찬을 받으려고 기를 쓰면서 열심히 노력한 결과 질서정연, 강박성, 완벽주의, 죄책감, 완고함, 강인함의 성격 특징을 갖게 되는 경우다. 또 다른 하나는 양가감정, 더러움, 너저분함, 반항, 분노, 가학성, 피학성 성격을 갖게 된다.

3단계: 남근기

3세부터 6세까지의 성장발달 시기를 남근기라고 부르는데 이 시기에는 남자아이, 여자아이 모두 성기를 만지거나 자극을 줌으로써 즐거움을 얻을 수 있으며 마음속에서 관심의 주가 된다. 즉 성적인 관심, 자기가 주된 관심의 대상 내지 쾌락의 근거가 된다. 남자아이들은 자신의 성기를 힘과 우월성의 상징으로 보고 여자아이들은 그것이 없다는 점에서 남근 선망과 더불어 열등감을 가지게 된다. 이 시기의 후반기가 오이디푸스기인데 이시기는 남녀가 다른 진행 과정을 겪게된다. 남자아이는 어머니에 대해 성적인 욕구를 느끼면서 아버지에게 적개심을 갖는 오이디푸스 콤플렉스, 여자아이는 엘렉트라 콤플렉스를 경험하게 된다.

4단계: 잠재기

약 6세부터 12세까지의 시기를 말한다. 이 시기에는 외부적으로 성적 혹은 공격적인 욕구나 충동이 표현되는 일이 별로 없기 때문에 잘 제어되어 있는 것처럼 보인다. 즉, 본능적 욕구가 잠재되어 이성에 대한 관심이 줄어들고 동성의 아이들과 어울리게 되는 시기다. 이 시기에는 주로 공상, 환상, 놀이, 장난으로 본능적 욕구를 많이 발산하기 때문에 외부 행동상으로는 이성보다는 동성끼리 친구가 되어 노는 경향이 있다. 이 시기의 친구 관계는 이후 사회관계의 발전에 중요한 기초가 된다.

약 12세부터 18세까지로, 보통 청소년기를 말한다. 이 시기가 되면 남녀 간에 성기가 성적 즐거움의 중심으로 발달되고, 성기가 남녀 간의 성생활 도구로서 올바르게 이해되는 시기이다. 본능적 욕구, 특히 성적 욕구와 충동이 심해지며 이 시기까지 정신성적 발달 과정에서 해결되지 않은 채로 남아 있던 문제들이 다시금 재연되기도 한다. 또한 자기 정체성을 갖추게 되고, 이성에 대해 이전보다 더 많은 관심을 갖게 된다.

4. 대상관계이론

1) 대상관계이론의 이해

대상관계이론은 정신 건강 분야에서 독자적인 견해를 가진 이론으로서 그 탁월함을 인정받고 있으며, 정신병리 현상을 새로운 관점에서 보게 할 뿐만 아니라 치료에서 일어나는 현상들을 분석하는 데도 사용되어 왔다. 대상관계이론에 의한 치료는 대상의 본질을 찾아내는 것으로서 내가 왜 이런 사람이 되었는가를 탐색하는 것이다. 결과가 있는 곳에는 언제나 시작이 있듯이 결과가 불행하다면 시작이 불행했고, 시작 이후의 과정 또한 불행하다고 말할 수밖에 없다. 이러한 것들이 밝혀질 때까지 원인을 규명하고 그 결과를 받아들이게 함으로써 문제를 해결한다.

대상관계이론가인 멜라니 클레인(Melanie Klein, 1882-1960, 대상관계이론 창시자), 페어베언(W. R. D. Fairbairn, 1889-1964), 위니캇(D. W. Winnicott, 1896-1971), 마가렛 말러(Margaret Mahler, 1897-1985), 에디스 야콥슨(Edith Jacobson, 1897-1978), 오토 컨버그(Otto Kernberg, 1928-), 헤인즈 코호트(Heinz Kohut, 1923-1981) 등에 의해서 대상관계이론은 계속 발전하고 변모되어 왔다.

대상관계이론은 정신분석에서 전이 형태로 나타나는 발달 초기의 어머니와 유아의 관계경험에 초점을 둔 연구를 통하여 발전하였다. 프로이트는 부모로부터 만족만을 얻고자 하는 애욕과 공격의 본능과의 사이에서 타협을 얻고자 하는 존재로 유아를 파악한 반면, 대상관계이론은 유아의 기본적 욕구가 자신을 돌봐 주는 사람과 밀접하게 붙어 있고자 하는 것이라고 주장한다. 이러한 기간에 기인하고 있는 전이는 잠재적인 왜곡이나 실질적인 왜곡의 형태로 가족 구성원들의 관계 속에 없어지지 않고 남아 있게 된다.

2) 대상관계이론의 주요 개념

대상관계이론의 주요 개념은 최초의 인간관계가 따뜻하고 부드러우면 그다음의 인간관계도 최초의 인간관계처럼 따뜻하고 부드러울 것이라는 개념이다. 자기가 만난 출생 초기의 대상은 자기가 살아가야 할 미래 삶의 질과 방법을 만들어 제시해 주는 사람으로서, 중요한 역할을 하는 사람이다. 또한 아이의 무의식 속에는 대상이라고 하는 양육자가 그와 함께 살고 있다. 따라서 대상관계이론은 양육자인 어머니의 곁을 떠나지 못하는 허약한 자녀들의 관계적 의미를 중시한다.

초기의 정신구조와 심리기제의 형성 과정에서 발현되는 감별을 연구하고 이러한 내적 구조들이 현실적인 대인 관계 상황에서 어떻게 재현되는가를 조사한다. 이들 이론가들은 지속적인 인상, 즉 개인의 정신 내에 존재하는 잔재 또는 찌꺼기를 남기는 생후 초기 관계에 초점을 맞춘다. 이러한 과거 관계의 잔재, 다른 말로 내적 대상관계가 개인의 인식과 다른 개인들과 맺는 관계의 형태를 만들기 때문이다. 인간은 그가 거래하는 실제 타인들과의 관계를 사실 그대로 혹은 사실을 왜곡해 해석(설명)하는 내부의 타인, 즉 정신적인 표상이라고 칭하는 성장 과정에서 영상화된 대상의 이미지와 관계한다.

대상관계이론에서 정신병리라고 여겨지는 대부분은 내적 세계의 좋음과 나쁨의 균형을 고치고자 하는 부적응적인 노력을 중심으로 하고 있고, 전형적으로 투사적 동일시라고 불리는 심리적 기제에 의해 이루어진다. 또한 광범위하게 뿌리박혀 있는 불만족스런 대상관계를 다루려는 목적 때문에 투사적 동일시는 환자의 현재 관계를 왜곡시키고 손상시킨다. 투사적 동일시는 자신이 가지고 있는 특성들을 다른 사람들이 가지고 있다고 믿고 다른 사람들을 그렇게 행동하도록 만드는 과정이다.

아동은 양육자(일반적으로 어머니)와 용해된 상태에서 의존한 채 독립이 될 때까지 점진적인 성장을 계속한다. 양육자와의 용해와 공생이라는 초기 관계를 통해 유아는 자기감의 고갈과 공허를 초래한다. 따라서 대상관계이론가들은 관찰이라는 경험적 방법론을 통해 처음에 양육자와 용해되어 자기가 없는 심리적인 상태로부터 점차 양육자로부터 독립하여 격리개별화되는 과정에서 보여 주는 관계적 특성과 질을 탐색한다.

3) 정신구조의 형성

대상관계이론가들에게 전오이디푸스기의 사건들은 오이디푸스기의 사건들보다 성격 발달에 더 중요하다. 이것이 정신분석 학설의 중심을 강타한 점이다. 전통 분석적 사고는 최적의 심리 발달의 핵심을 5~6세경에 발생한 사건에 있다고 보지만, 대상관계이론가들은 그보다 훨씬 이전에 있다고 본다. 말러, 컨버그, 코헛, 그리고 다른 대상관계이론가들은 생의 첫 해에 발생한 사건들이 인간 발달의 과정을 보여준다고 믿는다. 대상관계이론에 따르면, 사람들의 삶을 형성하는 결정적인 사건들은 5~6세가 아니라 5~6개월경에 발생한다고 본다(이영희 외 역, 2007: 53).

정신구조의 형성은 아이의 외부세계에 존재하는 어떤 측면들이 동일시 과정에 의해 자아 안으로 수용됨으로써 그것이 아이의 내면세계의 일부분이 되면서 이루어진다. 이렇게 해서 형성된 새로운 내적 대리자는 외부대상(어머니)에 의해 수행되던 이전의 동일한 기본적인 기능들을 수행하게 된다. Fairbairn은 이 동일한 내적 대리자를 자아의 한 부분으로 보았고, Kernberg는 심리적 구조로서 자아를 구성하는 기본적인 토대를 'units of object relations'라고 불렀다. 이 대상관계 단위들은 대상에 대해 반응하는 자기의 이미지들이며, 이러한 이미지들은 특정한 감정적 성향을 지니면서 자아를 혼동 상태로부터 조직화되도록 한다고 했다. 결과적으로 대상관계이론가들은 이러한 현상을 자아의 형성 과정이라고 설명하고 있으며, 정신구조의 형성이 근본적으로 '대상과의 관계를 내면화하는 과정'에 의해 이루어진다고 이해하고 있다. 다시 말하면 성격의 조직화와 형성을 개인이 그 자신의 환경과의 상호작용과 그 특성을 자신의 내적 규율과 특성으로 전환시키는 내면화의 결과라고 본다는 것이다. 따라서 이들은 내적 정신조직의 형성에 있어 본능적 욕구와 이를 다루는 억압기제보다도 관계를 다루는 내면화를 중요시하며, 외부대상의 영향을 결정적인 요인으로 생각하고 있다는 것을 알 수 있다.

정신분석적 대상관계이론은 대인 관계의 본질과 근원 그리고 과거 다른 사람들과의 내면화된 관계를 현재의 대인 관계에서 고정시키고 있다고 본다. 이를 재활성화시키는 것에서 파생된 정신내적 구조의 본질과 근원에 대한 정신분석적 연구를 나타낸다. 그리고 정신내적 또는 대인간 대상관계의 상호영향에 초점을 맞춘다.

5. 개인심리학이론

1) 개인심리학의 이해

개인심리학은 오스트리아의 정신의학자 알프레드 아들러(Alfred Adler, 1870-1937)가 창시한 심리학으로 개개인의 특성에 초점을 맞춘 심리학이다. 창시자의 이름을 따 소위 아들러 심리학으로 불리기도 한다.

임향빈에 의하면 아들러는 성(性) 본능을 중시하는 프로이트의 설에 반대하여, 인간의 행동과 발달을 결정하는 것은 인간존재의 보편적인 열등감, 무력감과 이를 보상 또는 극복하려는 권력에의 의지, 즉 열등감에 대한 보상 욕구라고 생각하였다. 그는 영향력 있는 개인심리학 체계를 세웠으며, 열등감이라는 용어를 도입했다. 그는 열등감에 의해 감정적으로 무능해진 사람들을 성숙하고 상식적이며 사회적으로 유능한 방향으로 인도하는 유연한 지지심리요법을 개발했다. 일생을 통해서 그는 사회적 문제를 강하게 인식하고 있었고, 이것은 연구를 위한 주요 동기로 작용했다(임향빈, 2014: 39).

Adler(1980)에 따르면 사회적 관심을 발달시키는 능력은 선천적이기는 하지만 의식적으로 개발되어야 하는 잠재 능력으로, 교육을 통해서 개발될 수 있다고 보았다. 인간은 선천적으로 사회적 관심을 발달시킬 능력을 갖고 태어나므로 사회성을 형성하는 과정에서 인간은 타인을 이해하고 공감하며 그들과 협동하고 영향을 미칠 수 있다. 이러한 사회적 관심은 훈련에 의해 향상될 수 있으며, 정신 건강의 준거가 되고 그러한 관점에서 볼 때 개인심리학은 대인심리학이라고 할 수 있다. 사회적 관심은 인생 과제들, 즉 일이나 직업과 관련하여 협동적이며 상생적으로 문제를 해결하도록 도움을 주는 결정적인 역할을 한다. 이는 더 나아가 우정과 공동체적 삶에 있어서도 매우 중요한 요소다. 이처럼 사회적 관심은 타인을 이해하고 협동할 수 있는 능력을 증진시키는 반면 증오심, 위협감, 질투심, 상호 간의 갈등을 최소화시켜 함께 '윈윈'하도록 하여 상승 효과를 극대화시키는 기능을 한다(김경숙, 2017: 13-14).

아들러는 문제 행동의 원인이 열등감으로부터 온다고 보았으며 열등감 극복을 통하여 우월성을 갖게 하여 사회 구성원으로서 기여하도록 하고 있다. 내담자의 생활양식을 이해하고 부적응적인 목표와 신념을 파악하여 사회적 관심을 증가시키며, 적응적인 목표와 행동 패턴을 긍정적으로 변화시키는 것이다. 이를 위하여 사회적 관심을

증가시키기, 좌절감과 열등감을 극복하도록 돕기, 인생 목표와 생활
방식을 변화시키기, 잘못된 동기를 변화시키기, 타인과 평등한 존재
라는 인식을 갖도록 돕기, 사회에 기여하는 구성원이 되도록 돕기 등
이다. 즉, 내담자가 추구하는 목표와 생활양식을 탐색하며 자기인식
을 증가시키고, 열등감을 극복하도록 도우면서 내담자의 목표나 생활
방식을 건강한 것으로 변화시킨다.

2) 주요 개념

아들러는 인간을 사회라는 울타리 안에서 서로 협력하고 배려하
며 함께 생활하는 사회적 존재로 보았다. 또한 인간이 생각하고 행동
하는 배경에는 목적이 숨어 있고, 인간을 몸과 마음의 두 개로 구분
할 수 없는 전체적인 존재로 여겼으며, 또한 인간은 목적 달성을 위해
인생을 개척하고 가치를 창조해 나가는 창조적인 존재라고 보았다(정
정철, 2020: 6).

아들러 심리학에 의하면, 인간은 창조적 자아를 가지고 있으며 이
는 저절로 나타나는 것이 아니라 가정과 사회에서 학습을 통해 실현
되는 것으로 설명하고 있다. 따라서 인간이 건강한 성격을 가지기 위
하여 유전적 성향과 주어진 환경이 개인에게 부정적이더라도, 외부의
자극에 단순히 반응하는 것이 아니라 스스로 선택하고 의지를 가진
존재로 자신의 삶을 창조해 내는 존재가 되는 것이 중요하다(이수경,

2022:1).

　조진희에 의하면 아들러 심리학에 근거한 상담 목표에서는 내담자를 치료가 필요한 존재로 보지 않기 때문에 증상의 제거보다 소속된 사회 안에서 다른 사람과 상호작용할 수 있는 사람, 즉 공동체감을 가진 사람이 되도록 재교육하는 것이다. 여기서 공동체감이나 사회적 관심은 공동체 전체의 개선을 위해 기여한 개인과 다른 사람들과의 관계를 나타낸다(Kottman & Meany-Walen, 2016, 진미경 외 역, 2017). 이에 Kefir(1981)는 아들러 상담자의 역할이 내담자의 사회적 관심과 대인 관계를 향상시키고, 열등감을 극복하게 하며 잘못된 목표를 수정하는 것이라고 제시하였다. 이러한 상담 과정을 통해 개인의 잘못된 인식을 수정하고, 열등감을 극복할 수 있도록 격려하여 사회에 소속될 수 있도록 협동하는 능력을 키워 주는 것이 아들러 상담의 주 목적이다(허정희, 조미아, 2019. 조진희, 2021: 12 재인용).

　따라서 주요 개념으로는 개인은 나누어질 수 없는 전체로서 사회 내에서 자신이 설정한 목표를 달성하기 위해 끊임없이 노력한다. 그는 인간 행동의 원인보다 행동의 목적을 강조했으며, 인간은 열등감을 극복하여 자기완성을 이뤄야 함을 강조하였다. 그가 개발한 이 심리학은 자신의 초기 경험이 바탕이 됐다. 아들러는 정신질환자들보다 일반 대중에 대한 관심이 많았는데, 무의식보다 현실의 주관적 지각을 더 중요하게 생각했다. 특히, 인간은 일생 동안 사회 속에서 사회적 관심을 얻기 위한 노력을 끊임없이 계속한다고 강조했다.

3) 상담의 과정

아들러 상담의 과정은 상담 관계형성, 분석, 해석, 방향 재설정의 4단계를 거친다. 아들러는 상담 과정에서 내담자와의 작업 동맹을 강조하였으며, 상담은 상담자와 내담자가 평등한 관계를 맺는 것으로부터 시작한다. 상담자와 내담자는 상호 합의된 목표를 성취하기 위한 적극적인 파트너가 되어 주며 수집된 좋은 관계는 상담이 종결될 때까지 지속된다. 상담자는 격려를 통해 내담자의 변화를 시도하며 이때 내담자의 협력이 필요하다. 두 번째 단계에서 상담자는 내담자의 신념과 감정, 동기와 목표를 이해하기 위해 생활양식, 가족구도와 같은 객관적인 정보를 탐색하고 그것들이 현재 어떻게 기능하고 있는지 이해하는 데 목적을 둔다. 세 번째 단계에서는 내담자의 가족구도와 초기 회상을 요약하고 해석하며 자기이해와 통찰의 과정을 거친다. 해석을 통해 상담자는 내담자의 거울이 되어 주고 내담자가 그릇된 행동과 지각의 변화를 이끌어 이해와 통찰을 통해 건설적인 활동으로 옮겨 갈 수 있도록 돕는다. 상담자의 해석과 자유로운 조언을 받아들이는 것은 선택이다. 마지막으로 이전 단계에서 얻은 통찰을 바탕으로 태도, 신념, 인식 및 목표를 변화시키고 새로운 방향을 설정하고 행동으로 실행한다(김계현 외, 2022: 291).

아들러의 개인심리학에 의하면 인간의 가장 중요한 동기인 완성을 위한 노력은 우월함을 위한 노력이 될 수 있으며, 열등감을 과도하게 보상하려고 한다는 것이다. 한 인간의 의견이나 생각은 그의 모든 심리적 과정에 영향을 준다. 생활의 모든 중요한 문제는 사회적인 것이므로 개인은 사회적 맥락 안에서 고려되어야 한다. 인간의 사회화는 타고난 사회적 본능의 발달을 통해 이루어진다. 개인의 목표와 이를 추구하는 방법 등을 포함한 개인의 성격구조가 생활양식을 구성하는데, 이것은 어느 정도 그의 의식 밖에 있다. 개인이 가지고 있는 어떠한 감정과 충동은 그의 삶에 영향을 미치게 된다.

아들러는 이러한 행동 패턴이 아동기 초기에 형성된다고 보고 있으며 그 요인은 출생 순서, 육체적인 열등함, 성장할 때 방치되었는지 또는 응석받이로 자랐는지 등으로 보고 있다. 정신이 건강한 사람은 이성, 사회적 관심, 자기초월 등의 특징이 있는 반면, 마음의 병을 앓는 사람은 열등감, 타인을 지배할 수 있는 힘, 우월감, 자기중심적 관심 등의 특징을 가지고 있다. 상담 과정에서 격려하기, 타인을 즐겁게 하기, 마치 ~인 것처럼 행동하기, 역설적 의도, 단추 누르기, 스프에 침 뱉기, 자기 포착하기, 과제 설정하기 등을 사용하고 있다.

김춘경 외에 의하면 개인심리학적 상담의 치료 과정은 치료 관계 수립 단계, 내담자의 역동탐색 단계, 통찰 단계, 재교육 단계의 네 단계로 살펴볼 수 있다.

치료 관계 수립 단계

상담자와 내담자 사이의 적절한 치료 관계를 수립하기 위해 관심 기울이기, 경청, 목표를 규정하거나 명료화하기, 공감하기 등의 치료 기법을 사용한다.

내담자의 역동탐색 단계

내담자를 분석하고 평가하는 단계로, 내담자가 자신의 생활양식을 이해하고 그것이 현재의 기능에 미치는 영향을 이해할 수 있도록 한다. 이 단계에서는 가족 내의 심리적 위치, 출생 순위, 부모와 자식의 관계 등을 살펴보면서 가족의 구성을 탐색하고 초기 회상, 꿈 분석, 우선적 과제, 통합과 요약, 격려 과정을 다룬다.

통찰 단계

내담자의 자기이해를 독려하는 단계로, 내담자가 자신의 잘못된 목표나 자기 패배적인 행동에 대해 통찰하도록 독려한다. 이때 상담자의 해석은 통찰을 촉진시키는 기법이 된다. 해석은 주로 삶의 방향, 목표나 목적, 사적인 논리와 그 영향, 현재의 행동을 인식하도록 하기 위한 것, 행동의 원인이 아닌 현재의 결과에 초점을 둔다.

재교육 단계

내담자가 새로운 선택을 하도록 하며, 내담자 자신이 새롭고 더 효과적인 방법을 시도해 보도록 도움을 주고 자신이 결정하고 용기를 가지고 행동하도록 격려한다. 이 단계에서 사용할 수 있는 주요 기법으로는 즉시성, 역설적 의도, 마치 ~인 것처럼 행동하기, 스프에 침 뱉기, 자기 간파, 버튼 누르기, 악동의 함정 피하기, 과제 설정과 열중 등이 있다(김춘경 외, 2010: 68).

6. 인간중심이론

1) 인간중심이론의 이해

인간중심적 상담이론은 1940년대에 칼 로저스(Carl Rogers)에 의해 창시된 이론이다. 본래 이 이론의 명칭은 '비지시적 상담'이었는데, 이론이 발전하는 과정에서 1970년대까지는 '내담자 중심적 상담'으로 불렸고 그 후에는 '인간중심적 상담'으로 명칭이 바뀌었다. 인간중심적 상담이론은 구체적인 문제 해결 기법보다는 내담자에 대한 상담자의 태도를 더 중요시한다. 왜냐하면 이는 나름대로 독특한 인간관에 기초하고 있기 때문이다. 인간중심적 상담이론에서 인간은 정신분석이론에서 그려지는 것처럼 자신도 모르는 무의식에 의해 지배받는 그런 인간이 아니다. 대신에 인간은 자기를 실현할 수 있는 기본적 동기와 능력을 '이미' 가지고 있는 것으로 가정된다. 다만 살아가는 과정에서 그러한 능력이 가려졌을 뿐이라는 것이다. 또한 인간은 과거에 얽매인 존재가 아니라 현재를 살고 미래를 추구하는 존재다(이장호 외, 2008: 88).

로저스는 인간은 본질적으로 학습하고자 하는 선천적인 동기를 가지고 있기 때문에 상담자는 조력자, 촉진자의 역할만 잘하면 된다고 한다. 그는 인간은 믿을 수 있고 능력이 있으며 자기이해와 자아실현을 위한 잠재력을 지니고 있다고 보며, 자아실현은 일생을 통해서 이루어지는 과정이라고 하였다. 또한 인간은 신뢰하고 존경하는 분위기가 형성된다면 누구나 긍정적으로 발달하고 성장할 수 있고, 자기인식을 할 수 있으며, 더욱 적절한 행동을 할 수 있는 능력을 지니고 있다고 한다. 치료자가 내담자를 있는 그대로의 인간으로서 존중하고 수용하면 내담자 또한 그동안 스스로를 부인하거나 왜곡하여 인식했던 자신의 행동이나 감정을 받아들이게 되고 이 과정을 통해 자아와 체험이 서로 일치하는 영역이 점점 넓어지면서 치료가 된다. 그리고 인간 행동은 실체와 다를지라도 주체에게 나타나는 직접적인 체험적 사실, 즉 당사자의 현상에 대한 주관적 인식의 분석을 통하여 이해가 가능한 것이다. 따라서 인간의 성격과 행동을 분석할 때 특정 동기나 과거의 경험보다는 지금 여기에서 주체에게 나타나는 직접적 체험 사실을 중심에 놓고 분석하여야 한다. 이에 따라 상담자는 내담자를 한 인간으로 존중하고 그의 마음을 공감적으로 이해하며 수용적이고 지지적인 분위기를 제공하는 것이 필요하다. 사랑, 창조성, 선택, 의미, 가치, 자아실현 등 인간의 긍정적인 측면에 초점을 맞추는 것이 중요하다. 인간중심상담에서는 수용을 중시하며, 상담자의 태도와 인간적 특성, 내담자와 상담자의 관계의 질을 치료 결과의 중요 결정 요인으로 본다(임향빈, 2014: 40-41).

로저스에 의하면 모든 인간은 내적 긴장이 증가하더라도 자아실현을 위하여 그 고통을 감내하고 행동한다고 보고 있다. 이러한 개인의 인지와 행동을 이해하기 위해서는 각 개인의 내적 준거 틀과 현실을 어떻게 지각하고 해석하는가에 대하여 알아야 한다.

2) 주요 개념

인간중심상담의 이론은 문제 해결과 관련된 심리학적 기법보다 상담 장면에서의 내담자에 대한 상담자의 태도를 더욱 중요하게 여긴다. 여타 다른 심리상담 유형들과 달리 이러한 태도를 가진 이유는 인간에 관한 칼 로저스의 남다른 인간관에 기인한다. 로저스가 주장하는 인간관은, 인간이란 스스로 자기를 실현할 수 있는 기본적인 능력을 지닌 것으로 본다. 단지 상황적인 부분이나 환경적인 요소들이 그것을 가리고 있을 뿐이라고 인식하고 있다. 인간에 대한 무한한 사랑과 함께 가능성에 대한 그의 깊은 신뢰가 인간중심상담의 핵심적인 바탕이다(박현진, 2020: 41).

인간중심상담에서 가장 중요한 것은 상담자와 내담자와의 관계다. 진실성, 존중, 공감적 이해, 수용적 태도, 이러한 모든 것을 내담자에게 전달하는 것 등 상담자의 질적 측면이 강조된다. 상담자는 이러한 촉진적이고 실제적인 관계를 활용해서 내담자가 배운 것들을 다른 관계에 전이할 수 있도록 돕는다. 이 접근에서는 상담 과정을 구체적 단계로 나누기 어려우며, 상담 과정에서는 내담자의 책임과 주체성이 강조되고, 내담자가 주체적으로 자신의 문제 해결에 대해 충분한 통찰을 얻도록 하는 내용이 포함된다. 로저스는 상담의 과정을 성격의 변화가 일어나는 과정으로 보고 그 성격 변화의 과정을 고정성으로부터 변화성, 경직된 구조들로부터 유동적 구조로, 그리고 고정된 상태로부터 과정으로 이어지는 연속선상에서의 변화 과정이라는 개념으로 발전시켰다(김계현 외, 2022: 294).

　외부의 중요한 타인이 주는 긍정적 존중이 조건적이 되면 인간의 긍정적 존중의 욕구와 자기존중의 욕구가 조건적으로 충족되면서 가치 조건이 발달하게 되고, 가치 조건이 발달하여 자기개념에 내면화되면 자기개념과 유기체의 경험 사이에 불일치가 존재하기 시작한다. 따라서 인간의 문제 행동을 야기하는 근본적인 원인을, 외부에 있는 중요한 타인이 주는 조건적인 긍정적 존중으로 볼 수 있다(유성애, 2004: 36).

　인간중심적 상담이론에서 바라보는 내담자는 자신의 어려움을 스스로 해결할 수 있는 능력이 있다는 것을 전제로 하고 있다. 내담자는 상담 과정에서 지시와 조력을 받는 것보다는 스스로 결정하고 문제를 해결할 수 있는 존재로 본다. 정서와 감정을 중요하게 여기며, 자아실현, 가치 추구성, 책임감 등을 중시한다. 따라서 이 이론에서 상담자와 내담자는 믿음과 신뢰를 기반으로 진실성, 무조건적 긍정적 존중, 공감적 이해를 중요시하고 있다. 내담자가 자신의 걸림이나 미해결과제를 부정하거나 오염시키지 않고 그대로 수용한다면, 스스로 치유할 수 있는 능력이 있기에 심리적 어려움은 해결된다고 본다.

3) 상담의 목표

　인간중심상담의 상담 목표는 내담자로 하여금 충분히 기능하는 인간으로 성장하도록 하는 것이다. 이를 위해 안전한 분위기를 제공해 주고 자신을 탐색하게 만든다. 이렇게 함으로써 성장을 방해하는 요인이 무엇인지를 알게 하고, 과거에 부인하고 왜곡했던 자신을 순수하게 경험하도록 만드는 것이다. 따라서 결과적으로 내담자로 하여금 자신을 개방하고 신뢰하며 기꺼이 변화할 수 있도록 하고, 나아가서는 자발성을 증가시키고 보다 생동감 있게 살아가도록 도와준다(김계현 외, 2022: 294).

김재웅에 의하면 인간중심상담이론의 경우 '특정한 한 문제를 해결하는 것이 (상담의) 목적이 아니라 내담자를 도와서 성장하게 하고 현재나 장래의 문제에 대해서 잘 통합된 방식으로 대처할 수 있도록 해주는 것이 (상담의) 목적(Rogers, 1942/ 1998: 50)'이라고 본다. 로저스가 상담의 목표를 이렇게 규정하고 있는 것은 분명히 기존의 상담이 내담자의 현실적인 심리상의 문제를 해결하는 데에 목표를 두고 있는 것과는 차별화된다. 로저스가 상담의 목표를 이렇게 규정하고 있는 것은 다분히 그의 인간관과 직결되어 있다. 즉, 적절한 여건과 환경만 제공되면 내담자 스스로 문제를 해결할 수 있을 뿐만 아니라, 앞으로 닥칠 유사한 문제를 극복해 나갈 능력을 발휘할 수 있다는 신뢰가 깔려 있는 것이다(김재웅; 2017: 20).

상담 목표는 내담자가 자기존중을 회복하고 왜곡된 자기개념을 수정함으로써 자기를 실현할 수 있도록 돕는 것이다. 이와 함께 내담자의 왜곡된 지각 내지 감정을 수정하여 자아실현을 이루도록 조력하는 데 있다. 인간중심상담의 궁극적인 목적은 내담자로 하여금 '완전히 기능하는 사람'이 되도록 돕는 것이다. 즉, 타인과의 관계를 통해 지각한 왜곡된 자기로부터 벗어나 진정한 자신의 모습을 찾도록 조력한다.

또한 타인의 가치 조건으로 만들어진 '거짓된 나'에서 벗어나 '진실한 나'를 찾도록 한다. 상담을 통해 내담자는 진실한 자기를 발견하고 자기성장에 맞는 가치 조건에 따라 행동을 선택하면서 경험의 불일치를 줄여 나간다. 내담자는 자기와 일치하는 경험을 함으로써 자신을 수용하고 긍정적으로 평가하는 자기개념을 형성하게 된다.

7. 인지행동치료이론

1) 인지행동치료의 이해

인지행동치료는 인지치료와 행동치료가 합해진 말로써 1930년대 이후 발달된 기존의 행동치료에 1960년대 개발된 인지치료가 통합되어 다양하게 발달되었고, 현대 정신의학적 진단에 따라 각각의 치료를 개발, 발전시키고 있기 때문에 현재 가장 활발하게 이용되고 있는 심리치료라 할 수 있다. 이 이론은 짧은 역사에도 불구하고 심리치료의 중요한 접근으로써 확고한 위상을 정립하였다. 벡(Beck)은 정신분석적 이론이 몇 가지 중요한 측면에서 한계를 지닌다고 생각하게 되었고, 그러한 한계를 극복하고자 새로운 이론체계를 정립해 나가게 되었다. 그는 자신의 인지이론이 정신분석적 개념에서부터 출발하였으나 Adler, Horney, Sullivan과 같은 신프로이트학파 분석가들의 영향을 받아 완성되었다고 기술하였다. 신프로이트학파의 왜곡된 자아상에 대한 관심은 정신병리와 성격구조에 대한 인지행동이론이 발달하는 계기가 되었다(임향빈 2014: 45).

박은에 의하면 인지행동치료(Cognitive Behavioral Therapy, CBT)는 Aron T. Beck에 의해 개발된 치료 기법으로, 치료 기간이 단기적이며 구조화되어 있고 현재지향적이다. CBT는 개인이 직면한 상황을 어떻게 생각하고 있는가에 따라 정서와 행동이 달라지며, 행동은 사고 패턴과 감정에 영향을 미친다는 것을 가정하고 있다(Beck, 1976). 특히 개인은 끊임없이 주변 환경과 자신에게서 일어나는 사건들의 의미를 평가하기 때문에 CBT에서 인지적 과정은 핵심 요인이다(박은, 2022: 40-41).

상담 및 심리치료에서 인지행동 접근은 주로 두 가지 움직임을 나타내고 있다. 행동주의 심리학자는 인지적 절차로 방향을 옮겼고, 인지주의 치료자는 행동적 기법을 채택하였다. 인지행동적 상담 모델은 인간을 합리적이고 올바른 사고와 비합리적이고 올바르지 못한 사고 모두를 할 수 있는 존재로 보고, 인간의 문제 행동은 비합리적 사고에 의해 형성된다고 본다(김춘경 외, 2010: 75).

인지행동치료는 정신적 문제로 인해 어려움을 겪고 있는 내담자에게 인지왜곡 현상을 합리적으로 수정하여 행동할 수 있도록 돕는 인지적 접근 방법이다. 인간이 표출하는 행동이 사회적 규범에서 벗어나게 되면 그 행동은 윤리적 판단의 대상이 되고, 사회 구성원으로서 어려움을 겪게 되며, 때로는 일탈되어 고립된 삶을 살아갈 수도 있다.

2) 주요 개념

Wright, Basco, Thase(2006)에 의하면 CBT에서 치료자는 합리적 사고와 문제 해결과 같은 적응적인 의식적 사고를 개발하고 적용하는 것을 강조한다. 치료자는 내담자로 하여금 자동적 사고(automatic thoughts)와 스키마(schemas) 수준에서의 병리적인 사고를 찾아내어 이를 변화시키도록 돕는다. 이러한 자동적 사고와 스키마는 의식에 비해 상대적으로 자율적인 정보처리에 해당된다(Beck et al., 1979; Clark et al., 1999; Wright et al., 2003). 자동적 사고는 어떤 상황 가운데 있을 때(혹은 어떤 사건을 떠올릴 때) 마음속에 빠르게 떠오르는 생각이다. 비록 우리의 잠재의식에서 자동적 사고의 존재를 알고 있다 하더라도 보통 이러한 자동적 사고는 신중하고 합리적인 분석 과정을 거치지 않는다. 한편 스키마는 정보처리의 기본 틀 혹은 규범들의 역할을 하는 핵심 신념이다. 이러한 스키마는 환경으로부터 온 정보를 분류하여 걸러내고 부호화하며 의미를 부여하는 중요한 기능을 담당한다(김정민 역, 2009: 23-24).

인지행동치료의 기본 모델은 내담자의 역기능적 사고가 감정과 행동에 영향을 준다는 것을 기반으로 자동적 사고(automatic thought), 인지왜곡(cognitive distortion), 핵심 신념(core belief)을 강조했다(Beck, 1979). 다양한 사건들을 경험할 때 자동적으로 잇달아 일어나는 평가적 사고를 자동적 사고라고 하는데 부적응적이고 왜곡된 사고일수록 고통스러운 정서적 반응과 역기능적인 행동을 일으키게 된다. 강렬한 감정이 생길 때는 자동적 사고가 일어나고 있음을 자각하고 왜곡된 사고를 수정하도록 돕는 것이 필요하다(Beck, 1963). 이때 부정적 자동적 사고에 존재하는 인지왜곡을 파악하여 부적응적 사고를 유발하는 왜곡된 인지를 수정하는 것이 중요하다(Beck, 1963; 1964; 1979, 박현정, 2022: 34 재인용).

인지행동적 상담 모델에서는 사고, 판단, 결정, 분석, 행동을 강조하며 인간의 인지, 감정, 행동이 상호작용을 한다고 강조한다. 또한 인지행동적 상담 모델은 지시적이고 교시적인 성격을 띠고 있으며 정서장애의 핵심을 자신과 타인에 대한 비난으로 보고 있다. 즉, 정서장애의 올바른 치료를 위해서는 자신과 타인에 대한 비난을 멈추어야 한다는 것이다(김춘경 외, 2010: 75).

정신분석적 접근이 주로 장기치료인데 반해, 인지행동적 접근은 단기로 진행되는 경향이 있다. 이는 각 접근이 지향하는 목표가 다르기 때문이라고 볼 수 있다. 인지행동치료적 접근은 주로 문제 그 자체의 해결에 초점을 둔다. 따라서 내담자가 직접적으로 호소하는 심리적 문제의 해결이 우선적인 관심사다. 성격 변화와 인간적 성숙은 심리적 문제가 해결된 다음에 고려되는, 보다 궁극적인 차원의 상담 목표인 것이다. 이러한 특성에 비추어 인지행동적 접근은 심리적 문제의 해결에 필요한 다양하고 구체적인 상담 기법을 가지고 있다(임향빈 2014: 46).

3) 인지행동치료의 목표

인지행동치료는 Cognitive Behavioral Therapy로 CBT라고 부르며, 부정적·자기 파괴적 사고 패턴을 깨닫고 변화시키도록 도와주는 것을 목표하는 것을 말한다. 부적응적 사고를 변화시킴으로써 정신질환을 개선하는 목적인 심리치료 집단을 의미하며, 구조화된 단기치료인 인지행동치료는 목표지향적이고, 치유사와 환자 사이의 적극적 협업 및 공유를 통해 문제와 해결 방법을 다룬다(Sharma & Subhash, 2002). 특히 생각, 감정, 행동은 연결되어 있으며 이것들을 일치시켜 본인을 정확하게 인지하는 것이 중요하다. 그렇기에 인지적 재구조화를 통해 자기 관리, 해결책을 찾는 것에 도움을 준다. 특히 인지 문제를 겪는 사람에게서 특징적으로 나타나는 부분으로, 느리고 우울증을 가지고 있거나 낮은 자존감을 나타낸다(Ramsay, 2010). 인지행동치료는 문서 및 시각 자료뿐만 아니라 역할극, 이완, 사회적 행동 강령, 갈등 해결, 우정 기술 수업과 같은 사회적 기술 훈련의 행동 전략을 기반으로 하며, 노골적인 행동을 조절하는 매개과정에 개입하며 행동을 수정하기 위한 다양한 기술을 포함하고 있다(Meyers & Craighead, 1984; Ekmam, 2019; 김수미, 2023: 26 재인용).

인지행동적 상담 목표는 환경에 대한 내담자의 부적응적인 정서, 인지, 그리고 행동 반응을 수정하거나 향상시키는 것이다. 이것은 분명하게 구조화되고 시간 제한적이다. 상담의 한 부분으로서 상담자는 사고와 감정이 행동에 영향을 미치고 행동을 조정하는 메커니즘을 더 많이 이해하기 위해 내담자를 돕는다. 상담자는 '자기비난'의 정서장애의 근원이며, 자신의 행동으로 스스로를 '평가'하지 않을 수 없으며, 행동적인 숙제를 열심히 이행함으로써 정서장애와 행동장애를 만드는 비합리적 신념을 제거할 수 있음을 상담 과정을 통해 내담자에게 가르친다. 아울러 내담자는 상담 과정에서 자신을 통찰한다(김춘경 외, 2010: 75).

인간의 행동거지는 목적이나 동기를 가지고 행하며, 생각, 선택, 결심을 거쳐 의식적으로 행하게 된다. 이러한 행동은 어린 시절 경험에 의해 학습된 것으로 스키마(schema)라고도 한다. CBT에서 사고는 감정과 행동에 영향을 미치고, 행동양식은 사고 패턴과 감정에 영향을 미친다는 개념에 기초하고 있다. 상담자는 내담자의 긍정적 변화를 이끌어 내기 위하여 생각, 감정, 행동 간의 관계에 개입하여 치료의 방향을 제시한다. 이를 위하여 내담자의 자동적 사고와 스키마를 탐색하고 병리적 사고, 미해결과제, 걸림을 찾아내어 변화시키도록 돕는다.

따라서 인지행동치료에서는 인간의 심리적·정신적 문제에 왜곡된 인지적 정보처리 방법이 깊게 관여하고 있다고 보았다. 이와 함께 삶의 여러 측면 중 감정이나 행동도 중요하지만 인지(사고)가 중요하다고 보았으며, 노력에 의해 자신의 인지, 정서, 행동을 변화시킬 수 있는 능력이 있다고 믿는다.

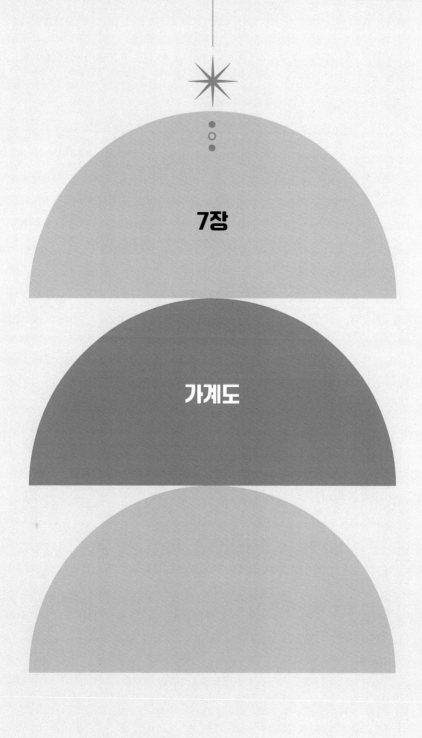

7장

가계도

1. 가계도의 이해

가계도는 과거에 가족 내에서 발생한 사건, 태도, 성격, 습관, 별거 및 이혼 상태를 도식적으로 묘사한다. 따라서 가족으로 하여금 다세대 전수 과정이 현재 가족 구성원에게 미치는 영향 및 인식하지 못한 채 반복하는, 가족 내에 존재하는 역기능을 발견할 수 있도록 돕는다. 정서 과정과 구조를 사정하는 과정을 통해 가족 구성원 각자의 과거 문제를 비방어적인 방식으로 끌어내고 탐색하게 함으로써 가족의 역동에 대한 통찰을 얻고 궁극적으로 가족을 이해하고 수용할 수 있게 되며, 이 과정을 통해 분화를 통한 성장 촉진도 함께 이루어지게 된다(손영란, 2022: 6-7).

가계도가 가족치료 현장에서 활용되어 온 역사를 더듬어 보면, 1970년대 후반 Bowen이 가족구조를 분석하기 위한 도구로 가계도를 개발해 사용하기 시작한 시점으로 거슬러 올라가게 된다. 그 이후에는 Carter, McGoldrick과 Gerson 등이 Bowen의 모델을 발전시켜 가족들을 위해 일하는 전문가들이 용이하게 사용할 수 있도록 이를 표준화하는 작업을 지속적으로 시도해 왔다. 현재 사용되고 있는 표준화된 형태는 1980년대 초 가족치료와 가정의학계의 주요한 인물들로 구성된 가계도 작성위원회에 의해 이루어진 것이다(최연실, 정영순, 2006).

가계도는 가족원들 간의 관계와 특정 질환의 정보를 쉽게 파악할 수 있는 유용한 도구다(Maradiegue & Edwards, 2006; Son et al., 2014). 의료진은 가계도를 통해 질환의 패턴을 확인하고, 질환 발병 위험을 예측하고, 유전상담을 고려하거나 개인의 가족력에 근거하여 유전검사 여부를 결정할 수 있다(Wattendorf & Hadley, 2005). 또한 의료진은 가계도를 이용하여 한 가계 내에서 공유되는 생활환경이나 생활습관을 확인할 수 있어서 질환의 발병이 생활환경이나 생활습관에 기인한 것인지에 대해서도 확인할 수 있다(Maradiegue & Edwards, 2006, 손예동, 강희선, 2015 재인용).

전형적으로 가계도는 첫 면담에서 대부분 완성되며, 그 후 면담 과정에서 새로운 정보가 나타날 때마다 수정된다. 가족 구성원에게 이전 세대부터의 주제, 신화, 규칙, 정서적으로 부과된 문제 등에 관해 물어봄으로써 반복되는 유형을 명백히 한다. 또한 가계도의 가족력을 파악하여 지금까지 가족 내에서 일어났던 일의 관련성을 알 수 있다(김유숙, 2005: 129).

가계도 인터뷰는 많은 가족 상담자들이 모든 가족 구성원이 서로 관련되어 있다는 체계적인 관점으로 가계도 작성의 과정과 후에 진행하게 된다. 가계도 작성과 인터뷰는 단절, 갈등 등 가족 구성원 간의 관계와 가족 사건, 신체 및 정신 건강 문제 등 기타 중요한 정보를 조사하여 가족의 정서적 강도 영역을 식별하는 데 유용하다. 가계도를 완성하는 데 필요한 대부분의 정보는 평가의 초기 단계에서 수집되긴 하지만 가계도는 중재에도 유용한 도구이다. 가족과 관련된 호소 문제 혹은 제시 문제는 세대 간 정서적 과정을 반영하고 있다(손영란, 이윤주, 2020).

가계도의 인구학적 정보와 사실은 음악책에 그려진 음표들과 같다. 음표는 음악의 구조를 제공하지만 음표가 모두 함께 연주될 때에만 생명력을 갖는다. 가계도를 이용한 임상 연구는 음악책의 음표들과 같이 추론의 바탕이 되는 자료와 연주라는 큰 맥락에 해당하는 추론한 것에 주의를 기울여야 한다. 이렇게 자료를 바탕으로 자료를 추론하여 사용하는 임상 작업과 연구를 수행하기 위해 도구를 사용하는 사람들을 위해서 가계도 면담자들은 여러 가지 조건을 충족시킬 필요가 있다. 그들은 도구의 이론적 바탕에 대한 확실한 기초, 매우 민감한 정보를 수집하는 데 있어서 임상경험, 그리고 면담 가족의 특징을 발견하는 데 대한 흥미가 있어야 한다. 연구 보고를 할 때는 수집된 정보의 형태에 대한 분명한 정의와 더불어 가계도 수집에 관한 이론적, 임상적 배경의 기술을 해야 한다(정영순, 2006: 20).

가계도는 가족의 구조를 나타내는 지도와 같은 것이다. 일반적으로 3대 이상의 가족에 대한 수많은 정보들을 쉽게 보여준다. 가족 구성원의 개인적인 특성은 물론 구성원들의 관계를 기호를 통해 표시할 수 있으며 관계망도 알 수 있다. 가계도는 가족 구성원이 가족 체계를 새로운 관점에서 볼 수 있도록 하며, 가족 문제를 체계론적 관점에서 재해석할 수 있게 한다. 가계도를 통해 현재와 과거의 가족 모습을 비교할 수 있으며, 가족 체계가 만들어 내는 역기능적인 구조를 설명할 수 있다(임향빈, 2021: 24-25).

따라서 가족치료와 심리상담에서 사용하는 가계도는 3세대 이상에 걸친 가족 구성원에 관한 정보와 그들 간의 관계를 도표로 기록하는 상담 기법의 일환이다. 가계도는 기호를 사용해서 가족의 기본 구조, 가족 상호 간의 관계를 알 수 있다. 가계도는 일반적으로 상담 초기에 그리게 되며, 내담자를 둘러싼 관계의 흐름을 파악할 수 있어 상담에 유용하게 쓰이는 방법 중의 하나다. 필자는 상담 초기에 내담자의 정보 파악 및 변화를 이끌어 내는 데 활용하고 있으며 그 효과성이 높게 나타난다.

2. 가계도의 정의

McGoldrick & Gerson(2002)에 의하면 가계도란 3세대 이상에 걸친 가족 성원에 관한 정보와 그들 간의 관계를 도표로 작성하는 방법이다. 가계도에는 가족에 관한 정보가 도식화되어 있기 때문에 복잡한 가족 유형을 한눈에 파악하고, 어떤 문제가 어떻게 가족 맥락과 관련되어 있으며 시간이 경과되면서 문제와 상황이 어떻게 변화되어 가는지 추적할 수 있는 체계적 관점을 제공한다(이영분, 김유숙 역, 2002; 정영순 2006: 5 재인용).

가계도는 가족 구성원 간의 관계와 유전 형질의 정보를 도식화한 도표(McGoldrick, 2016)이다. 가계도는 남자는 사각형, 여자는 원형의 도형으로 나타내고 특정 형질은 도형 안에 색칠하여 표현한다. 결혼을 하면 수평선으로 잇고, 자식을 낳으면 수직선으로 표현한다. 각각의 도형이 어떤 형질과 성별을 의미하는지 범례로 나타낸다. 유전 가계도를 통해 특정 유전 형질이 유전되는 원리를 알 수 있다(임효정, 2020: 3).

심리상담에서 가계도는 가족 구성원의 정보에 대하여 기호를 활용하여 도표로 작성하는 것이다. 가족에 관한 구조적, 관계적, 기능적 정보와 세대 간의 전수 과정 그리고 현재 상황을 탐색하는 데 유용하게 사용된다. 또한 가계도는 가족 유형을 한눈에 파악하고 문제와 변화 과정, 내담자가 현재 처한 상태를 사정하는 데 정보를 제공한다. 상담 과정에서 내담자의 정보를 탐색하기 위하여 초기에 3대를 그리게 되며, 상황에 따라서 2대나 4대를 그리기도 한다.

3. 가계도의 목적

가계도는 처음에 주로 Bowen의 이론에 따르는 가족치료자들에 의해 가족을 사정해 가는 첫걸음 단계에서 가족에 대한 평가 도구 (assessment tool)로서 활용되어 왔으나, 최근에는 Bowen 모델 이외의 다른 가족치료 모델을 따르는 치료자들 가운데서도 보편적으로 사용되며, 또한 평가뿐만 아니라 정보 수집, 치료, 훈련 등의 다양한 목적을 위해 적용되고 있다(최연실, 정영순, 2006).

개인과 부부, 그리고 가족의 세대 간 사정을 통해 상담 현장에서 바로 적용할 수 있는 초점화된 가계도가 대두되었다. 초점화된 가계도란 세대 간 역동뿐만 아니라 가족, 다문화적, 그리고 맥락적 주제들을 탐색하기 위한 하나의 방법이다. 초점화된 가계도를 실시하는 중요한 목적은 치료자와 내담자 체계 도구가 현재 문제와 그들이 충분히 인식하지 못한 인생의 다른 측면들 간의 연결을 볼 수 있도록 돕는 것이다. 미해결된 원가족의 태도, 신념, 그리고 행동들은 현재 성인으로서의 기능에까지 이어진다. 가족 전통과 이야기들을 탐색하는 것은 특히 가족으로부터 물려받은 것들을 둘러싼 애착 개념을 통해 조망될 수 있다(손영란, 2022: 18).

가계도는 치료자가 가족 체계에서 주요 삼각관계를 파악하여 그러한 삼각관계의 유형이 한 세대에서 다음 세대로 어떻게 계속되는지 살펴봄으로써 그들을 변화시킬 전략을 설계할 수 있도록 돕는다

(김유숙, 2005: 132). 가계도를 통해 상담자는 가족 구성원 모두를 만날 수 있는 기회를 가지게 된다. 가족 구성원의 변화를 유도하기 위해 상담자는 함께 작업하는 구성원으로 하여금 가족과 좀 더 잘 연합하고 의사소통을 원활히 할 수 있는 가족 구성원으로서의 역할을 충실히 해낼 수 있도록 도와 '가족 체계 내에서 상담자의 역할'을 해낼 수 있는 역량을 기르도록 도울 수 있다(손영란, 이윤주, 2020).

또한 가계도 분석을 통한 자원과 취약점에 관한 가설들은 가족 구성원과 가족 체계의 예상되는 발달에 관한 중요한 단서이자 미래 계획을 위한 중요한 기초가 된다. 이 가설들은 결코 결정론적인 인과 설명이 아니라 창의적인 미래 설계와 발달을 독려하는 데 목적이 있다. 한마디로 건설적인 미래를 설계하기 위함이다(이남옥 외, 2016).

심리상담에서 가계도를 사용하는 목적은 내담자의 긍정적 변화와 치유를 위하여 현재 상황에 대하여 좀 더 잘 이해하고 탐색하고, 상담에 도움이 되고자 하는 데 있다. 가계도를 통하여 학력, 직업, 건강, 질병, 성격 등에 대하여 알게 된 내용들은 상담 진행 과정에서 유용하게 사용된다. 이와 더불어 내담자의 가족 구성원들을 간접적으로 만나게 되며, 그들의 관계망과 상호 관계, 기초 정보 등에 대하여 살펴본다. 내담자는 체계적 관점에서 자신들의 문제를 바라보고 반추하며, 자각하기도 한다. 또한 상담자는 내담자가 현재 가족 내에서 처한 상황을 파악하고 이해하게 되며, 조력할 수 있는 합리적 근거가 되기도 하며, 과학적인 자료로서 유용하게 활용된다.

4. 가계도의 기호

가계도는 가족 관계를 설명하기 위해 기호를 사용하며, 가계도를 그리는 데 있어 두 가지 기호가 있다. 첫째, 가족 구성원들과 구조를 나타내기 위한 기호이다. 이 기호는 가족에 대한 기본 정보들을 담고 있으며, 세로는 세대를 나타내고, 가로는 부부 관계, 자녀 관계 등을 나타낸다. 이와 함께 남자는 사각형, 여자는 동그라미로 표시하고 내담자는 동그라미나 사각형 안에 작게 하나 더 그린다. 관계를 나타나기 위해 다양한 선들을 사용하며, 출생과 사망, 이혼, 별거, 동거, 학력, 직업, 건강, 성격 등 개인적 특징과 기본 정보를 덧붙인다(임향빈, 2021: 25). 가족의 기본 구조를 나타내는 기호는 [그림 6]을 참고하기 바란다.

둘째, 가족 구성원들의 상호 관계를 나타내는 기호들이다. 이 기호는 내담자의 가족 내 관계를 알 수 있다. 필자는 내담자 가족의 관계망을 살펴볼 때 융해 관계, 갈등 관계, 단절 관계, 융해와 갈등 관계, 친밀한 관계, 원만한 관계, 소원한 관계로 표시한다(임향빈, 2021: 25). 가족 상호 관계의 기호는 [그림 7]을 참고하기 바란다.

융해 관계	가족 간의 강한 연결, 의존 밀착, 경계가 모호한 상태
갈등 관계	심각한 대립각 상태
단절 관계	관계가 끊어진 상태
융해와 갈등 관계	밀착, 의존, 경계가 모호하면서 갈등하는 상태
친밀한 관계	서로의 마음을 주고받을 정도로 가까운 상태
원만한 관계	마음을 주고받지는 않으나 관계가 나쁘지 않은 상태
소원한 관계	형식적인 관계로 원만한 관계와 단절 관계의 중간 정도 상태

1) 가족의 기본 구조를 나타내는 기호

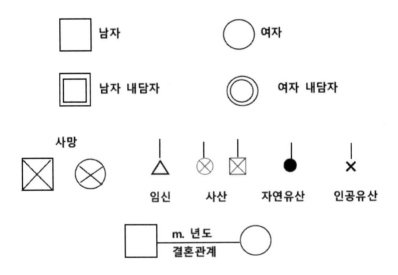

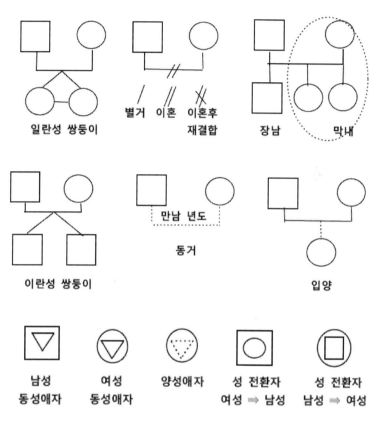

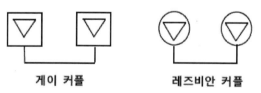

함께 사는 가족 구성원 점선

일란성 쌍둥이

별거　이혼　이혼후
　　　　　재결합

장남　　　막내

이란성 쌍둥이

만남 년도

동거

입양

남성
동성애자

여성
동성애자

양성애자

성 전환자
여성 ⇒ 남성

성 전환자
남성 ⇒ 여성

게이 커플

레즈비안 커플

[그림 6] 가족의 기본 구조를 나타내는 기호

2) 가족 상호 관계의 기호들

≡≡≡	융해관계 (강한 연결 의존밀착관계)
∿∿∿	갈등 관계
—//—	단절된 관계
∿∿∿	융해와 갈등관계
═══	친밀한 관계
——	원만한 관계
·····	소원한 관계

[그림 7] 가족 상호 관계의 기호

3) 다양한 가족 모형

부부(아들 1명, 딸 1명), 남편 초혼
아내 재혼(첫 번째 남편: 아들 2명)

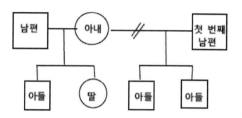

부부(딸 1명, 아들 1명), 아내 초혼
남편 세 번째 결혼(첫 번째 아내: 아들 2명)

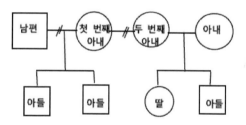

부부(딸 1명), 남편 재혼(첫 번째 아내: 아들 1명, 딸 1명)
아내 세 번째 결혼(두 번째 남편: 아들 2명)

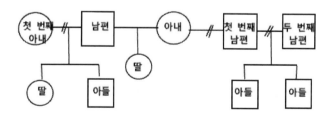

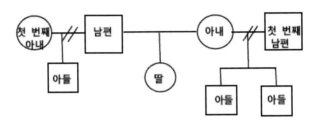

부부(딸 1명), 남편 재혼(첫 번째 아내: 아들 1명)
아내 재혼(첫 번째 남편: 아들 2명)

[그림 8] 다양한 가족 가계도

5. 가계도의 활용

가계도는 가족에 대한 정보 수집과 치유에 오랫동안 사용되어 왔으며, 가계도의 발달 배경, 구성 및 적용을 조사하고 치료적 유용성 및 한계를 논의하는 연구 역시 꾸준히 진행되어 왔다. 국내외 가계도 연구 및 가계도를 기반으로 하는 창의적인 연구과제들과 그 응용 연구들은 가계도의 활용 방안, 발전 개발 모색 및 개인 및 가족과 사회 각 영역의 문제를 다룰 수 있는 가능성을 보여 주었다. 가계도는 각기 다른 이론적 관점을 가진 치료자에 의해 다양한 방식으로 활용된다 (손영란, 이윤주, 2020).

상담이나 교육의 장에서 문제를 해결하거나 변화를 추구하는 과정에서는 다양한 접근 방법이 활용될 수 있으며, 이는 가족치료에서도 마찬가지이다. 가족에 대한 개입의 과정에서 다양한 접근 방법을 모색하는 가족치료에서 가장 광범위하게 활용되는 것이 가계도라고 할 수 있을 것이다. 한 개인이 속한 가장 기본적인 단위인 가족에 대한 배경을 파악하는 데 유용한 가계도는 특히 역사적이거나 심인적(心因的) 요소를 살펴보는 데 도움을 준다. 가족의 3세대 이상에 대한 정보를 제공하는 가계도는 체계론적 접근에서 유용한 가족치료 수단이며, 가족이 새로운 관점에서 가족의 유형과 관계를 볼 수 있도록 하는 시각적 지도라고 할 수 있다(최연실, 정영순, 2006).

임상가는 가족 성원 각 개인과 가족 속에서 반복되어 나타나는 유형이나 사건들을 염두에 두어야 하는데 가계도는 그러한 것을 파악하는 데 도움을 준다. 가족 관계나 기능 유형을 도식화함으로써 임상가가 내담자의 생활 사건이나 인간관계가 건전하거나 불건전한 유형과 어떻게 관련되는지 체계적으로 생각할 수 있도록 돕는다. 가계도는 가족 성원이 자신들을 새로운 시점에서 볼 수 있도록 도와줌으로써 치료에서 가족이 합류하는 중요한 방법이 된다. 이것은 공간과 시간을 통해 가족 문제를 추적하도록 하는 체계적 관점을 만들어 내어 가족의 정서적 문제를 재해석하기도 하고 약화하거나 정상화할 수 있게 한다(정영순, 2006: 18).

이와 같이 가계도(genogram)는 가족에 대한 정보를 파악하는 유용한 도구로, 초기에는 보웬의 이론적 관점에서 사용하고 해석했으나 최근의 가족치료자들은 다양한 이론적 관점을 가지고 가계도를 활용하고 있다(Carter & McGoldrick,1998; Hardy & Laszloffy, 1995; Kuehl, 1995; McGoldrick, Gerson, & Shellenberger, 1999; Wachtel, 1982; 박정희, 김유숙, 2009 재인용).

초기상담에서 내담자의 탐색을 위하여 가계도를 활용하며, 작성 전에 가계도의 이론적 근거를 설명하면서 시작한다. 가계도를 통해 가족 배경이 현재의 문제에 어떻게 영향을 미쳤는지, 가족 구성원의 기본적 정보(학력, 직업, 성격, 건강, 규칙, 특이사항 등), 가족의 기원에 관한 정보를 얻을 수 있는 효율적인 기법이라는 점을 내담자에게 알린다. 또한 내담자의 여러 세대를 살펴볼 수 있으며, 가족을 조망하고 분석하며, 내담자의 가족 내 상황과 위치, 관계망, 가족 구성원들의 역할과 기능들에 대하여도 사정한다(임향빈, 2021: 27).

내담자의 증상이나 갈등은 개인의 문제로 생각할 수 있으나 가계도 작업을 통해 평소에는 바라보지 못한 새로운 경험을 하게 된다. 내담자는 가족 내에서 어려움을 겪는 사람이며, 가족 체계로부터 부담이나 고통을 표출하게 된다. 상담자는 가계도 작업을 하면서 내담자의 증상이나 갈등에 대해 살펴보아야 한다. 내담자가 가지고 있는 증상은 개인의 문제로 간주되며, 이 문제는 가족 내에서 언급되지 않거나 치유를 위해 아무것도 행해지지 않는 경우가 있다. 따라서 죄의식, 자살 시도, 약물, 도박 중독 등 내담자가 가지고 있는 문제의 증상에 대하여 가족과의 관련성에 대해서도 탐색하여야 한다.

최근 상담의 추세는 단기상담을 선호하고 있으며, 가족상담, 개인

상담, 부부상담 등에도 영향을 미치고 있다. 상담자는 자신이 알고 있는 이론과 상담 기법을 활용하여 단기상담에서는 긍정적 변화를, 장기상담에서는 치유를 이끌어 내어야 한다. 이러한 상담 목표의 달성을 위하여 상담자는 초기상담 때 내담자의 가족 구성원의 상호 관계, 미해결과제, 걸림, 핵심감정 등에 대해 탐색을 해야 하며, 이를 위하여 가계도의 활용은 중요하다.

제2부

사례개념화

마음의 틀

마음 안에 맺혀진 격랑의 흐름은
알 수 없는 무언의 아픔이 되어
똬리를 튼 채 가슴앓이를 한다.

얼마나 아려야 헤어날 수 있겠나
고통은 자학으로 잊혀질 수 있나
슬픔은 단장으로 무디어질 수 있나

어둠 속 빛을 갈구하듯이
고통은 암흑 속에 몸부림 칠 때
슬픔은 절망감에 공허해질 때

가슴에 맺혔던 슬픔의 응어리는
연단의 고통과 같이 아픔이 승화되어
비로소 마음의 틀 밖으로 용솟음친다.

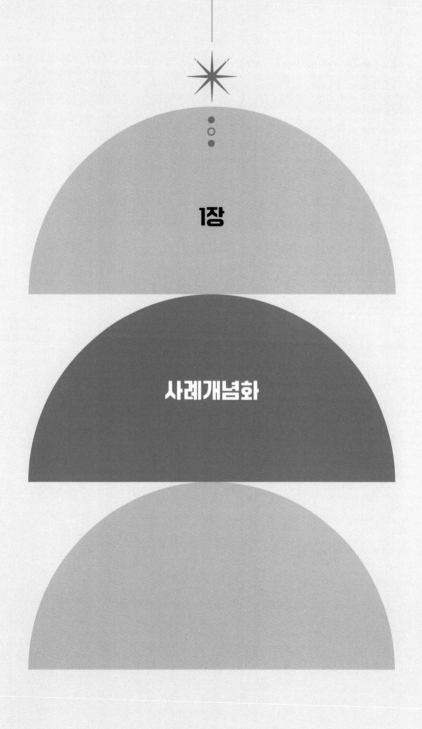

1장

사례개념화

1. 사례개념화의 이해

상담에 있어 사례개념화란 내담자에 대한 정보들을 상담자가 나름 대로 통합하여 내담자 및 내담자의 문제에 대한 종합적 설명 혹은 가설을 세우고, 그 가설에 기초하여 상담 목표를 세우며, 목표를 이루기 위한 구체적 전략을 계획하는 것이다(김은혜, 2001: 7). 사례개념화는 내담자에 대한 다양한 정보를 조직화하고 설명함으로써 상담의 목표를 세우고 개입 전략을 수립하는 것이다.

상담에서 다루어야 할 문제는 상담 및 심리치료의 이론적 접근 방식에 따라 달리 설명될 수 있으며, 이를 기반으로 상담 목표와 개입 전략을 세우게 되기 때문에 상담자의 사례개념화는 매우 중요한 부분이다. 상담자가 다양한 관점에서 사례개념화를 하는 것은 효과적으로 상담 성과를 가져올 수 있게 하는 중요한 요인으로서 상담자의 사례개념화 능력의 향상은 상담자 교육에 있어 매우 중요하다(최윤미,

2019).

1990년대 이전에는 사례개념화를 상담이론 교육에서 독립시키지 않고 상담이론을 사례 이해의 기본 틀로 교육하였고, 상담 슈퍼비전을 통해서 상담자가 상담이론을 상담실무에 적합하게 실행할 수 있도록 지도하는 방식의 사례개념화 교육이 이루어져 왔다. 이런 맥락에서 현재 독립된 영역으로 자리 잡고 있는 사례개념화 교육은 상담 실무자로 하여금 상담이론-상담실무 간의 연계를 높여 궁극적으로 상담자가 상담 현장에 맞는 자신의 상담이론을 개발하는 데 더 효율적인 대안이 될 것으로 기대된다(이명우, 박명희, 2017).

상담자는 몇 차례의 면담을 통해 내담자의 특성을 횡단적으로 이해할 뿐만 아니라 내담자의 문제 기원에 대해 종단적으로 이해할 수 있어야 한다. 이 작업은 내담자를 종합적으로 이해하는 시도이며, 흔히 사례개념화라고 명명한다. 사례개념화라는 전문용어에 대해 초심자들은 어렵다고 느낄 수 있겠지만 쉽게 풀이하면 내담자의 현재 문제, 문제가 발생한 배경, 가족사, 현재의 상황 등을 일목요연하게 정리하는 일을 말한다. 사례개념화가 완료되면 상담자는 상담의 단기, 장기적 목표를 분명하게 설정할 수 있고 목표를 향해 효과적으로 진행할 수 있을 것이다(김환, 이장호, 2009: 226).

사례개념화는 상담자가 효과적인 개입을 개발할 수 있도록 내담자의 독특한 내적 처리 과정과 기능에 대한 이해를 제공해 주고, 상담자들이 내담자의 행동과 치료에 대한 반응을 예측하도록 도와준다. 그리고 내담자들이 자신의 문제를 이해하고 치료에 대한 동기를 증가시키도록 도우며, 치료자에 대한 내담자의 확신과 변화에 대한 기대를 증가시키는 것뿐만 아니라 작업 동맹을 향상시켜 준다. 결과적으로 사례개념화는 어떤 형태의 상담 및 치료에서든 그 큰 줄기가 흔들리지 않고 안정되도록 돕는다(Lister, Auchincloss & Cooper, 1995, 서경희, 김지현, 2008 재인용).

사례개념화를 정확하고 효율적으로 하기 위해서는 이론적 지식이 축적되어야 하고 상담 목표 및 개입 전략과 관련된 기술들을 습득하고 있어야 함은 물론 이러한 지식과 기술들 중에서 당면한 사례에 적절한 것을 선택하여 적용할 수 있는 전문적 능력이 필요하다. 따라서 사례개념화는 기본 상담 기술 교육만으로는 충분히 학습되기 어려우며, 상담 경력이 쌓일수록 점차 더 숙달되어 가는 것으로서, 상담자로서의 전(全) 발달 과정을 통해 수행 수준이 향상되어 가는 영역이다. 상담을 밀도 있게 진행하여 보다 단기간에 상담의 성과를 얻으려면 어떤 경력의 상담자든 정확하고 효율적인 사례개념화를 할 필요가 있다(이윤주, 2001a).

사례개념화는 상담 과정에서 상담의 길잡이와 나침반 역할을 한다. 일반적으로 사례개념화의 가장 큰 역할은 상담 계획의 근거를 제공하는 것이다. 상담자는 사례개념화를 통해 내담자의 여러 가지 문제들이 어떻게 서로 관련을 맺고 있는지 이해할 수 있다. 사례개념화를 통해 개입 전략, 개입 시기 등을 선택할 수 있으며, 내담자의 행동을 예측할 수 있다. 또한 비협조적인 내담자의 태도를 이해하고 다루며 상담 외적인 문제들(비용, 시간 등)에 대한 결정을 내릴 수 있을 뿐만 아니라 상담이 실패했을 경우 방향을 재설정할 수 있다(손은정, 2001: 19-20).

따라서 사례개념화는 상담실무자가 자신의 사례를 좀 더 체계적으로 이해하고 효율적인 상담 목표와 전략을 개발하는 과정을 의미한다. 내담자를 이해하는 작업, 내담자의 현재 문제, 문제 발생 배경, 과거력과 가족력 등을 정리하여 내담자 문제의 원인, 관련 요인, 상담 개입 방향과 방법에 대한 과정을 만드는 것으로 진단, 평가, 상담 방법이 포함된다. 또한 사례개념화는 내담자로부터 얻은 표면적 정보를 통합하여 내담자의 문제 본질과 원인에 대한 가설을 세우는 것이다. 상담자가 면담, 행동관찰과 검사 등을 통해 파악한 내담자의 현재 호소 문제를 야기시킨 근원 원인과 유지 원인 그리고 내담자가 지금까지 자신의 문제에 어떻게 대처해 왔는지, 대처의 효과성 등이 잘 드러날 수 있게 가급적 확인된 정보를 근거로 하여 논리적으로 전개하고 기술하는 것이다.

2. 사례개념화의 정의

사례개념화는 상담자가 내담자로부터 얻은 단편적인 정보를 통합하여 추론하고 이에 근거한 상담의 목표와 전략을 계획하고 조정해

가는 과정으로 정의한다(이지은, 2017: 8). 사례개념화는 내담자에 대한 다양한 정보를 조직화하고 설명함으로써 상담의 목표를 세우고 개입 전략을 수립하는 것이다(최윤미, 2019). 또한 사례개념화는 상담 초기에 시작하여 상담이 진행되는 전 과정 동안 내담자에 대해 구해진 단편적인 정보를 상담자가 나름대로 통합해서 내담자에 대한 이해와 문제 해결을 위해 활용하는 것이다(이윤주, 2001: 14b).

사례개념화에 대한 소극적 정의는 내담자 문제와 관련된 정보를 토대로 내담자 문제의 경로를 이해하고 이를 해결할 수 있는 상담 계획을 수립하는 것이지만, 적극적 정의는 사례 이해와 상담 계획이 실제 상담 개입에 반영됨은 물론이고 상담의 성과를 수립한 개념화로 설명할 수 있어야 한다(이명우, 박명희, 2015).

따라서 사례개념화의 정의는 내담자에 대한 정보를 모아서 조직화하고, 내담자의 상황과 부적응적 패턴을 이해하고 설명하며, 상담을 안내하고 초점을 맞추고, 도전과 장애를 예상하고, 성공적인 종결을 준비하기 위한 방법 및 임상적 전략이다.

3. 사례개념화의 목적

사례개념화의 목적은 상담자가 자신의 사례를 좀 더 체계적으로 이해하고 효율적인 상담 목표와 전략을 개발하는 과정을 의미한다. 또한 상담자의 가설을 입증하는 것이 아니라 내담자의 문제를 이해하고 문제 해결을 위하여 조력하는 데 있다. 이를 위하여 수련 감독이 상담자에게 상담 과정에서 내담자 문제를 올바르게 이해하고 문제 해결을 할 수 있도록 지도하고 상담 계획의 근거를 제공하는 것이다. 사례개념화를 통해 초기, 중기, 종결기에 대한 전략과 개입 시기 등에 대하여 선택할 수 있으며, 궁극적으로는 상담의 효율성과 효과성을 이끌어 내기 위한 것이다.

최윤미에 의하면 사례개념화를 하는 목적은 내담자 문제나 증상을 정확하게 이해하여 문제 해결을 돕는 것이며, 사례개념화의 가장 큰 역할은 상담 계획의 근거를 제공하는 것이다. 즉, 상담자는 사례개념화를 통해 내담자의 여러 가지 문제들이 어떻게 서로 관련을 맺고 있는지 이해함으로써 개입 전략과 개입 시기 등을 결정할 수 있으며 내담자 행동을 예측할 수 있다(최윤미, 2019).

사례개념화의 궁극적인 목적은 상담자의 가설을 입증하는 것이 아니라 내담자의 문제를 정확하게 이해하고 문제 해결을 돕는 것이다. 가설은 내담자 문제 이해와 문제 해결을 위한 하나의 도구일 뿐이며, 가설의 정립 자체가 목적이 아니다. 상담자는 자신이 세운 가설에 집착하지 말고 필요에 따라 가설을 수정, 보완할 수 있는 유연한 자세를 가져야 한다(김은혜, 2001: 8-9).

상담에서 사례개념화는 상담을 효율적으로 이끌어가는 지도 또는 방향을 이끌어 주는 이정표와 같은 것이며, 건물을 세울 때 설계도와 같은 것이다. 상담 목표를 정하고 목표에 초점을 맞추어 전략을 세우고 상담 내용을 초기, 중기, 종결기로 구조화하여 각 단계별 이론과 기법을 활용한다. 이를 통하여 단기상담에서는 긍정적 변화, 장기상담에서는 치유를 이끌어 내어야 한다.

또한 사례개념화를 하는 이유는 상담을 효율적으로 진행하고자 하는 것, 상담 내용의 과학적 지식의 틀에 맞추기, 기관의 요구 충족 등을 위한 것이다. 이와 함께 사례개념화는 활용할 수 있는 이론과 기법, 상담 관련 요인들에 대한 가설을 세우는 구조를 제공하고 진단과 개입을 위한 정확한 틀을 제공한다. 이러한 틀은 오랜 기간 임상경험을 거쳐 합리적 근거에 의해 만들어진다. 상담을 체계적이고 효율적으로 하기 위하여 상담센터나 상담자는 저마다 가지고 있는 틀을 중심으로 상담 과정에서 활용하게 된다.

4. 사례개념화의 요소

사례개념화는 내담자에 대한 복잡하고 모순된 정보들을 조직하도록, 내담자의 핵심 문제와 부차적인 문제를 식별하여 내담자의 핵심 문제를 더 명료하게 이해하도록 도움을 준다(이윤주, 2001a). 사례개념화는 상담을 성공적으로 이끌어가기 위한 중요한 과정이며, 사례개념화를 위한 구성 요소는 무엇인지 살펴보고자 한다.

손은정에 의하면 사례개념화는 내담자의 문제를 이해하고 가설을 형성하는 것이기 때문에, 그러한 이해와 가설을 형성하기 위해서는 내담자에 대해 다양한 영역에 걸쳐 이해하고 평가해야 하며, 여러 단계를 거쳐서 가설을 형성하게 된다(손은정, 2001: 20). Longanbil & Stoltenberg(1983)는 상담자 훈련을 목적으로 상담의 실제에서 활용할 수 있는 사례개념화 양식을 구성하였다. 이들이 사례를 이해하기 위해 구성한 영역들은 ① 호소 문제(문제를 일으킨 상황적 요인, 문제의 지속 기간, 과거 문제력, 그 당시 환경 상황) ② 관련 역사 ③ 대인 관계 스타일(타인들에 대한 전반적 태도, 상담자와의 관계에서의 태도) ④ 환경적인 요인(스트레스 요인, 지지 요소) ⑤ 성격 역동(인지적 요인, 정서적 요인, 행동적 요인)이다(손은정, 2001: 20 재인용).

Persons(1989)의 사례개념화 구성 요소는 내담자의 호소 문제, 문제의 핵심 기제, 환경적 요인, 문제에 대한 가설 설정, 발달적 기원, 치료 계획 수립, 치료 관계에서의 방해물 파악까지 7가지를 제시하고 있다. 세부 내용을 구체적으로 살펴보면 내담자의 호소 문제는 주 호소 문제, 상담자가 파악한 내담자의 문제가 포함된다.

핵심 기제는 내담자 문제 이면의 심리적 기제를 파악하는 것으로 문제의 촉발 및 유지 요인이 해당된다. 핵심 기제 부분은 상담자의 이론에 따라 달라질 수 있다. 환경적 요인은 촉발 사건 및 환경적 스트레스를 파악하는 것이다. 문제에 대한 가설 설정은 핵심 기제가 문제를 어떻게 촉발시키는지에 대해 구체적으로 기술하는 것이다. 발달적 기원은 내담자의 생애 초기 부모와의 관계를 파악하는 것으로 핵심 믿음의 발달적 기원을 탐색하는 것이다. 치료 계획은 최종 목표와 과정 목표가 해당된다. 치료에서의 방해물 파악은 사례개념화를 통해 미리 예상할 수 있으며 상담자와의 관계를 통해 탐색이 가능한 부분이다(김경자, 2023: 26-27).

따라서 사례개념화란 상담자의 상담 배경이 되는 이론과 기법을 통해 내담자의 심리적, 정서적, 정신적 어려움을 야기시키는 요인들을 탐색하고, 긍정적 변화와 치유를 이끌어 내기 위한 과정에서 효율적 상담을 위한 다양한 기법과 전략을 의미한다. 이를 위하여 내담자의 핵심감정, 미해결과제, 걸림 등을 야기시킨 유발인자가 무엇인지, 그 요인들의 긍정적 변화를 위한 구체적인 방법을 다룬다. 사례개념화를 위한 공통요소를 살펴보면 다음과 같다.

1) 호소 문제

내담자의 삶에 어려움을 야기시키는 요인으로 주로 상담 과정에서 내담자가 호소하는 내용을 의미한다.

이 상담에서 무엇이 변화되고 싶은지, 또는 도움을 받고 싶은 내용 등이다.

2) 촉발 요인

내담자가 호소하는 문제에 관한 최근의 직접적인 원인이다.

주 호소에서 어려움을 야기시킨 요인으로, 상담자는 내담자의 이야기를 경청하며 탐색을 하고 말속의 말을 찾아야 한다.

3) 부적응적 패턴

내담자가 일상생활에서 반복적으로 보이는 유사한 부적응적 반응 양식이다.

상담자는 내담자가 상담 과정에서 자주 보이는 언어적, 비언어적 행동의 표출 방법으로 역동, 침묵, 냉소적 반응, 부정적 태도 등 내담자가 자주 활용하는 방어기제를 탐색하여야 한다.

4) 상담자 관점

내담자가 지니고 있는 마음의 병, 심인성 질환, 걸림 등의 문제를 설명할 수 있는 주된 관점이다.

상담자는 자신의 이론과 기법을 기반으로 탐색한 임상적 경험에 의하여 바라본다.

상담자는 내담자에 대한 편견을 배제하고 있는 그대로 수용하여야 한다.

5) 상담 목표

상담을 효율적으로 이끌어 가기 위해서는 상담 목표를 정하여야 하며, 그 목표는 내담자가 가지고 있는 심리적, 정서적, 정신적 문제나 불편함을 해소하도록 조력하는 것이다.

상담자는 내담자의 주 호소와 목표에 초점을 맞추어 상담을 진행하게 되며, 내담자의 긍정적 변화와 치유를 이끌어 낸다.

상담 목표에는 상담자의 목표와 내담자의 목표, 상담자와 내담자가 합의한 목표가 있다.

6) 상담 전략

상담자가 상담을 이끌어 가기 위해 적용할 수 있는 모든 방법이나 기술을 의미한다. 상담자는 내담자의 긍정적 변화와 치유를 위하여 이론과 기법을 적용하며 상담 과정에서는 초기, 중기, 종결기로 나누어 각 단계마다 적절한 기법을 활용한다.

초기에는 지지, 격려, 공감을 통하여 관계형성, 탐색, 과제부여 등을 활용한다. 중기에는 내담자의 변화를 위하여 상담자가 알고 있는 다양한 기법과 직면과 둔감화를 통한 자각과 통찰을 유도한다. 종결기에는 애도 기간과 상담 과정에서 변화되었던 부분, 보완하여야 할 부분 그리고 지지, 격려를 통하여 마무리 한다.

7) 예상되는 장애

내담자가 일상생활에서 보이던 부적응적 패턴을 상담 장면에서 나타내거나 퇴행을 표출하는 것으로 상담 과정에서 나타날 수 있는 다양한 어려움과 내담자의 저항이나 그 외의 상황을 의미한다.

내담자의 저항은 액팅 아웃(acting out), 상담일 연기, 지각, 상담 중단 등 다양하게 나타난다. 또한 전이, 역전이, 내담자의 상담자 의존, 퇴행 등이다.

경험이 많은 숙련된 상담자는 상담에 지장을 주지 않도록 주의를 기울이지만, 초심자의 경우 경험 부족으로 인하여 상담에 어려움을 초래하기도 한다.

2장

사례 분석

- 관계의 어려움으로 삶의 질이 낮아진 내담자

1. 사례 분석에 앞서

사례는 어떤 일이 이전에 실제로 일어난 것을 의미하며, 분석은 어떤 대상을 구성 요소로 나누어 보임으로서 확실히 이해시키는 방법이다. 사례 분석은 제시된 사례가 있어야 하고, 분석하는 기준이 합리적이어야 하며, 그 요소가 명확히 드러나 쉽게 이해할 수 있어야 한다.

상담 초보자가 갖는 의문점은 어렵게 배운 상담의 이론적 지식과 기법을 상담 장면에 잘 접목시키고 있는지에 대한 관심이다. 상담 및 슈퍼비전 경험에 대한 연구를 살펴보면, 초보 상담자들은 내담자의 핵심감정 파악과 공감적 이해의 부족으로 상담 사례 분석에 어려움을 보인다. 초보 상담자들은 내담자의 표면적 증상이나 일상적인 사건에 연연하기 때문에 핵심감정을 이해하지 못하고 내담자의 절실한 문제에 적절한 공감을 하지 못하는 것이다.

2. 시례 소개

1) 사례 소개에 앞서

여기에 인용한 사례는 30대 후반, 결혼 7년 차 여성의 사례다. 원가족 내에서 경험한 미해결과제가 현재의 삶에 부정적 영향을 미치고 있으며 이로 인해 삶의 질이 낮아졌다. 나름대로 벗어나고자 노력을 하였으나 점차 어려움이 심해졌다. 신경정신과에서 치료받고 있으며, 우울증 약을 복용하고 있다. 심리상담을 권유받아 인터넷 검색 후 찾아오게 되었으며, 10회 상담을 한 사례다.

사례 내용을 소개할 때 가장 핵심이 되는 것이 비밀 보장이다. 이를 위해서 가명을 사용했으며, 실제 거주 지역을 언급하지 않고 그 대신 필자가 임의로 거주지를 기재하였다. 또 직업 등 개인적 신분을 유추할 수 있는 내용이 노출되지 않도록 주의를 기하였다. 그러나 제시된 문제와 변화에 결정적인 영향을 미친 요인 등에 대해서는 정확성을 기하려 했다.

2) 제시된 문제(내담자의 주 호소 문제)

내담자는 남편과의 관계가 원만하지 않고, 시부모와 갈등이 심하며, 시댁에서 무시당하고 있는데 생각하면 할수록 화가 올라와 견디기 힘들다고 하였다. 직장에서 동료들과의 관계에서도 자주 화를 내고, 잘 지내보려고 하는데 잘 안된다. 알 수 없는 피해의식과 무기력감, 불안한 감정이 수시로 올라온다.

가정과 직장생활 모두 힘들어 2023년 3월부터 신경정신과에서 치료받고 있다. 현재 우울증 약을 복용하고 있는데 심리상담을 권유받아 오게 되었다. 화와 우울증, 무기력감에서 회복되어 긍정적으로 활기차고 밝게 살고 싶어 한다.

3. 내담자의 기초 정보

1) 가족 관계

(1) 내담자 나사랑(가명)

1남 2녀 중 첫째, 회사원, 37세, 대졸, 결혼 7년 차, 부모는 사이가 좋지 않았으며, 어머니는 초등학교 6학년 때 교통사고로 사망하였다. 성장 과정에서 애착형성이 결여되었으며, 어머니의 부재로 인하여 집안에서 어머니가 해야 하는 역할을 해야 했으며, 책임감이 강하였다.

(2) 남편 김과묵(가명)

독자, 구직 중, 38세, 박사, 아버지는 가부장적이고 권위적이며, 어머니는 성격이 급하고 외향적이며, 부모는 관계가 원만하였다. 성장 과정에서 순종적이며 착한 아들로 지내야 했다.

2) 내담자의 원가족

(1) 아버지 나길동(가명)

자영업, 대졸, 65세, 가부장적이고 다혈질이지만 자상한 면도 있고 가족을 사랑한다. 첫째 딸(내담자), 둘째 딸과는 소원한 상태이고 아들과는 지속적 갈등 상태에 처해 있다.

(2) 어머니 이영희(가명)

전업주부, 고졸, 고부갈등이 심하였으며 내담자가 초등학교 6학년 때 교통사고로 사망, 주관이 강하다. 자기중심적이며 타인에 대한 배려가 없고, 화가 나면 거친 말을 여과 없이 하였다.

(3) 여동생 나행복(가명)

회사원, 35세, 대졸, 미혼, 차분하고 순종적이며 주관이 강하고 내성적이다. 아버지와 소원한 관계, 내담자와 소원한 관계다.

회사원, 32세, 대졸, 미혼, 내성적이며 책임감이 강하고 대인 관계 원만하고, 아버지와 갈등 관계, 내담자와는 소원한 관계다.

3) 가계도

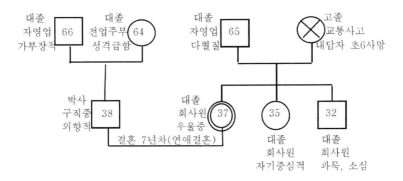

4) 성장 과정과 표출된 갈등 원인

내담자는 유년 시절 부모로부터 받아야 할 사랑을 충분히 받지 못하며 성장하였고 청소년기 과정에서도 어머니의 부재로 인하여 초등학교 6학년 때부터 어머니의 빈자리를 채워야 했다. 자아존중감이 낮아지고, 피해의식이 있으며, 친구들과의 관계에서도 어려움이 있었다. 결혼 후 이상적인 가정을 만들려고 노력하였으나, 생각과 현실은 많은 차이가 있었다. 남들과 비교하게 되고 점차 작아지는 느낌과 피해 의식 그리고 우울증까지 겹쳐 삶의 의욕이 없고 무기력감을 자주 느끼고 있다.

결혼 후 남편은 석·박사과정에 입학하였으며 어렵게 올 초에 박사 학위를 취득하였다. 경제적 어려움과 시부모님의 무시하는 태도는 유발인자가 되어 억압하고 있었던 화와 분노를 표출하게 되었다. 시어머니와 심한 말다툼으로 번지게 되었고 시댁을 가지 않게 되었다. 남편은 우리 둘만 잘살면 된다고 하지만 남편하고도 관계가 편하지 않고, 잘해 보려고 노력하지만 점차 더 어려워지고 있다.

4. 상담 목표와 접근 방법

1) 상담자의 상담 목표

- 고착된 심적 에너지에서 벗어나게 하고, 역기능적인 개인 내적역동에 대한 통찰을 통하여 자아기능을 강화시키고 자아존중감을 향상시킨다.
- 인간관계를 정립하고 우울증, 피해의식, 불안에서 벗어나도록 조력한다.

- 현실적이고 수용적 태도를 갖도록 하고, 긍정적 변화를 통해 성숙한 삶을 실현하도록 조력한다.

2) 내담자와 합의한 상담 목표

- 시댁과의 갈등 해소, 남편과의 관계 회복을 통하여 순기능적인 가정을 유지한다.
- 무기력감, 우울증, 피해의식으로부터 벗어나서 건강한 대인 관계를 유지한다.
- 소진을 극복하고 자아존중감을 높여 삶의 질을 향상한다.

3) 상담 접근 방법

내담자의 무의식에 고착된 미해결과제를 다루어 자각과 통찰을 통하여 자아기능을 강화시키고 성숙한 삶을 실현한다. 지지와 경청, 공감 등을 통하여 관계형성을 한 뒤 내담자가 처한 상황을 직시하여 표출된 문제의 원인을 살펴보고자 한다. 이를 위하여 관계형성이론을 중심으로 통합적 상담을 하며 내담자의 긍정적 변화를 위하여 대상관계이론, 인지행동치료, 인간중심이론 등을 활용한다.

관계형성이론은 관계 안에서 상처받은 내담자가 자신의 틀에서 벗어나 삶이 질이 향상되도록 형성시켜 주는 이론이다. 관계 안의 미해결과제, 트라우마, 걸림 등으로 인해 삶의 질이 낮은 내담자가 겪는 부정적 영향의 원인을 탐색하고 직면과 둔감화를 시켜 긍정적 변화와 치유를 이끌어 내어 삶의 질을 향상시킨다.

대상관계이론은 유아의 초기 관계경험이 성격 발달과 자아형성에 미치는 영향을 강조하고, 대인 관계에 초점을 두며, 상담 관계를 치유적 매체로 활용하는 이론이다. 인지행동치료는 내담자의 적응적 또는 부적응적인 행동이 모두 그 행동의 결과를 통해 학습되고 유지된다고 가정한다. 또한 '지금 여기'를 강조하고 인지의 변화를 촉진하는, 목표지향적이고 해결중심적인 치료다.

인간중심은 인본주의 심리학에서 나온 개념에 따라 긍정적인 인간관에 기초하고 있다. 상담자는 내담자에게 무조건적인 긍정적 존중, 공감적 이해를 보여 주며 진솔한 자세로 대한다. 내담자가 직면한 문제를 해결하는 것뿐만 아니라 내담자의 심리적 성장을 돕는다.

따라서 관계형성이론과 대상관계이론, 인지행동치료, 인간중심이론 그리고 과거탐색 기법, 과제부여, 말속의 말 찾기, 질문하기, 직면과 둔감화 등 다양한 기법을 바탕으로 상담을 진행하고자 한다. 이를 통하여 내담자가 미해결과제와 걸림에서 벗어나도록 하여 사회생활과 가정생활에서 보다 더 건강하고 성숙한 변화를 이끌어 내고자 한다.

5. 상담 과정

1) 상담 기간

2023년 9월 ~ 2023년 11월

2) 상담회기별 요약

[제1회기]

가족이란 가족 구성원들이 삶의 과정에서 희노애락(喜怒哀樂)를 함께 경험하며 공유하는 것을 의미한다. 이들은 심리적·정서적·정신적으로 밀접히 얽혀 있으며, 가족 구성원 중 누군가가 즐거운 일이 생기면 모두가 즐겁고, 슬픈 일이 생기면 가족 전체에 영향을 미쳐 슬픔을 함께하게 된다. 이는 마치 가족 구성원들의 한쪽 발을 묶어 놓은 것과 같이 한 사람이 움직이면 그 뒤에 있는 사람은 자동적으로 움직이게 된다(임향빈, 2023: 24).

(전략)

내담자: 저는 지금 다니고 있는 회사에 10년 동안 근무하고 있고
요. 전문직에 종사하고 있어요. 결혼은 한 지 7년 차 됐는
데 아기는 없고요. 앞으로 제 인생을 뭔가 좀 잘 살아보고

싶은 그런, 다 짐이리 든지 그린, 그린 시기인 것 같아서 상담 신청을 하게 됐어요.

상담자: 그러면 이 상담 목표를 어떻게 잡으면 좋을까요.

내담자: 근데 사실 잘 모르겠어요. 왜냐면 목표가 뭘까, 궁극적으로는 되게 활기차고 의미 있는 삶을 살고 싶거든요. 너무 궁극적인, 그러니까 너무 모호한 것 같아서 이게 목표가 될 수 있을까 하는 생각이 드네요.

상담자: 예, 여기 해결하고 싶은 내용을 보니까(상담 신청서를 살펴본다.) 무기력감에서 회복되어 긍정적이고 활기차고 밝은, 밝게 삶을 지내고 싶다. 이렇게 기재했는데 그러면 소진 극복, 삶의 질 향상 이렇게 잡으면 어떨까요.

내담자: 좋은데요. 간단명료하게.

상담자: 삶의 질 향상, 그러면 10회 상담이 진행될 거고, 1회기에 50분에서 1시간 사이 마무리를 짓도록 할게요. 사랑 님(가명)은 무기력감에서 회복되고 싶다 했는데 어떤 점이 그렇게 마음을 무겁게 하나요.

내담자: 여태 뭔가 제가 목표를 잡고 그 목표를 이룰 때는 뭔가 내 삶이 조금 더 나아지겠지 하는 생각으로, 그렇게 보통 하잖아요. 근데 저는 좀 그런 게 더 강했던 것 같아요. 근데 막상 제가 원했던 삶이 아닌 것 같아서 좀 좌절한다고 해야 되나, 좀 힘이 안 난다고 해야 될까요. 내가 이렇게 하려고 여태 이렇게 열심히 뭘 했었나, 약간 이런 생각이 들어

서 더 하고 싶은 게 약간 무의미하게 느껴진다고 해야 되나, 제가 욕심이 많은 건지 모르겠어요. 근데 그 욕심 때문에 전문직도 되고 이렇게 여태 20대나 30대나 이렇게 열심히 무언가를 이뤘다고 생각하는데 뭔가 제 욕심에 안 차요. 그래서 좀 뭔가 재미가 없어요. 노력도, 근데 이제 작년, 작년 한 1년 전쯤에 또 시부모랑 또 갈등이 좀 있었어요. 그러니까 좀 전체적으로 뭔가가 되게 막 답답하고 안 풀리는 것 같고, 그래가지고 잠도 못 자고 좀 그랬거든요. 신체적으로도 힘들고, 그래서 제가 올해 3월부터는… 지금 이제 정신과를 다니고 있어요. 그래서 약 먹고 하면서 이렇게 또 나름 노력도 하고, 좀 회복하려고 하고 있는 중이에요. 근데 이게 막 갑자기, 막 제가 막 밝아지고 이렇게 되는 건 아니더라고요. 뭔가, 뭔가 의욕이 넘치고 이렇게 되고 싶은데, 좀 시간이 걸리는 것 같아요. 그래서 이것도 신청하게 됐거든요. 같이 하면 뭔가 도움이 되지 않을까 해서요.

상담자: 예, 마음의 병, 심인성 질환은 심리상담을 통해서 긍정적 변화와 치유가 되어야 해요. 사랑 님이 상담을 10회기 신청하셨는데, 10회기 마칠 때쯤 되면 소진 극복이 어느 정도 되고 그리고 사랑 님이 원하는 삶의 질 향상도 되지 않을까 생각합니다. 제한된 회기다 보니까 10회기 내에 사랑 님이 살아가는 데 힘이 될 수 있도록 상담 목표에 초점을 맞춰서 진행하도록 할게요. 정신과 치료를 받고 있다고 했는

데 정신과에서는 병명이 뭐라 그래요?

내담자: 우울증이라고 하더라고요.

상담자: 우울증, 언제부터 약을 드신 거예요.

내담자: 약은 3월쯤부터 먹었고요. 계속 먹고 있어요. 근데 약물 용량을 더 늘리고 그러는 건 아니고 다행히 초기 시작 단계라고 했는데 조금 감정도, 조금 조절되는 것 같고, 그래서 어쨌든 그렇게 유지는 하고 있어요. 그냥 몇 개월은 먹어야 된다 그러더라고요. 그래서….

상담자: 그러면 3월부터 지금까지 복용을 하고 있는데 좀 어떠세요.

내담자: 어, 일단은 제가 병원을… 나는 괜찮겠지 하고 생각을 하고 안 가다가 주변에서 제가 너무 힘들어하니까 가 보라고, 너 치료가 필요할 것 같다, 너는 괜찮다고 잊었다고 하지만 내가, 자기가 봤을 때는 치료가 필요해 보인다, 전문가의 도움이 필요할 것 같다 해서 병원에 갔거든요. 그래서 초반에는 일단은 못 자던 잠을 잘 자서 좋았고, 그래도 조금의 변화가 있으니까 처음에는 좀 좋았어요. 그리고 또 병원에 가니까 제 스스로 이렇게 뭔가 다짐을 하게 되더라고요.

상담자: 그렇죠.

우울증은 생각의 내용, 사고 과정, 동기, 의욕, 관심, 행동, 수면, 신체 활동 등 전반적인 정신기능이 지속적으로 저하되어 일상생활에도 악영향을 미치는 상태를 의미한다. 즉, 삶에 대한 흥미 및 관심 상실이 우울증의 핵심 증상이다.

마음의 병, 심인성 질환인 우울증은 약물치료로는 한계가 있다. 약물은 현재 증상을 완화시켜 주는 데 도움을 주지만 마음속에 자리 잡고 있는 미해결 과제, 걸림, 트라우마 등은 심리상담을 통해서 치유되어야 한다. 사람이 태어나서 지금까지 경험한 모든 일들은 무의식 속에 자리 잡고 있다가 연상 상황, 연상 기억에 의하여 의식 위로 올라온다. 즉, 회전판 원리와 같이 한번 경험한 일들은 반드시 재활성화된다.

내담자: 그래서 그런 것들이 좀 효과를 본 것 같아요. 의사 선생님 말로는 약이 아까 선생님 말씀하셨던 것처럼 제 생각을 바꿔 주고 이런 건 아니래요. 근데 어쨌든 막 이렇게 요동치던 감정이 좀 잡히니까 조금 생각이 차분해진다고 해야 될까요. 그 문제를 뭔가 바라볼 때 그전에는 그 문제를 생각만 해도 화가 나고 눈물이 나고, 막 심장이 막 두근두근거리고 뭔가 막 화가 났었어요. 근데 그 감정들이 조금 가라앉게 되니까, 살짝 문제를 객관적으로 보려고 노력을 하게 되더라고요. 그러니까 조금 마음이 편해지는 느낌을 조금 받았어요. 그래서 그게 시작이었던 것 같아요. 그래서 내가 병원 가길 잘했구나, 그런 생각이 들었습니다.

상담자: 그렇죠. 무언가 도움이 됐다고 하면 그 자체로 만족감이 오게 돼요…. 어떤 생각을 하면 역동이 올라오고 힘들어진다 했는데, 어떤 생각이 힘들게 하나요.

내담자: 시댁이랑 갈등이 있었다고 그랬잖아요. 그게 좀 메인 이벤트였던 것 같은데 저한테는 시부모님이 되게 자기주장이 강하세요. 좋게 말하면 리더십도 있고 화통하시고 또 그렇게 해서 나름 그냥 그 문화에 익숙해지려고, 시댁 문화에 익숙해지려고 했는데 그게 쌓이고 쌓이고 좀 힘들었었던 것도 있었던 것 같고요. 그리고 타 부서로 발령 났고, 그때 한창 코로나일 때 제가 발령이 났어요. 막 낯설고 막 긴장되고 그러니까 그런 저기 중압감이라 해야 될까요. 그런 게 좀 많이 심했어요. 그런데 뭔가 남편도 내 마음을 몰라주는 것 같고, 남편이 그리고 그때 작년에는 박사학위를 준비하고 있었거든요. 그래서 이제 마지막이니까 막 예민하잖아요.

상담자: 그렇죠.

내담자: 그래서 트러블도 자주 나고 뭔가 내 편이 없는 것 같고, 근데 뭔가 시댁에서는 자꾸 뭔가 날 건드는 것 같고, 그래서… 어떤 것 때문에 화가 났냐면 시부모님이, 그러니까 시댁이 저를 무시한다는 생각이 들었어요. 본인들 마음대로 뭔가 저를 이렇게 휘두르려고 한다는 생각이 드는데 너무 억울하더라고요. 그게 그전에는 뭐 그냥 원래 그러신 분이지, 뭐 이렇게 생각을 했었거든요. 근데 뭔가 너무 화가 나고 뭔가 더 이상은 이걸 이해를 못 해 주겠다. 그런 생각이 나서 막 얘기를 했는데 저는 이제 저를 이해해 주실 줄 알

앉어요. 이제 7년 차가 됐잖아요, 결혼. 그러면 얘가 그동
안 힘들었구나 하고 생각을 하실 줄 알았는데, 아버님이 서
운한 거를 막 이만큼 얘기를 하시는 거예요. 근데 아버님이
좀 약간 불같은 성격이긴 하신데 뭔가 불같은 성격이니까
저렇게 화를 내시지 하고 이해는 하면서도 마음이 너무 서
운한 거예요. 그래서 그때 좀 배신감도 들고 막 화도 나고,
그래서 사과는 이제 하셨어요. 먼저 감정이 욱해서 하지 말
아야 될 말을 했다. 미안하다. 우리 가족 잘 지내보자 이렇
게 얘기를 하시는데 그게 그렇게 잘 잊히지도 않고, 시댁을
생각하면 화가 나고, 약간 서운함과 배신감, 약간 이런 게
커서 그게 이제 화로 나왔던 것 같아요. 그래서 그게 컸고
직장에서도 뭔가 그때 코로나 때 힘들었던 것이, 이제 민원
도 있었거든요. 그러니까 전화를 받으면 화를 내잖아요. 그
러니까 전화 받는 게 무서울 정도로, 그러니까 드는 생각이
왜 다들 나한테 뭐라 그러지…. 제가 어떻게 해 줄 수 없는
부분이잖아요. 민원인들의 어려움을…. 그랬어요.

(중략)

스트레스는 인간이 삶을 영위하면서 거쳐 가야 할 당면 과제이며, 혼자 또
는 둘 이상의 관계에서도 스트레스를 받는다. 때에 따라 적당한 스트레스는 삶
의 원동력이 되지만 정신적으로 감내하기 어려운 지나친 스트레스는 병의 원
인이 된다. 이러한 병의 원인은 심인성 질환, 정동장애, 신체화 증상 등으로 나

타나기도 한다. 스트레스는 인정 욕구와 밀접한 관련이 있다. 가정, 학교, 친구, 직장, 사회 등에서 자신에게 중요하다고 생각하는 사람에게 인정받는 것은 그 사람의 삶의 질을 높이는 요인이 되며, 이러한 경우 적당한 스트레스는 삶의 질 향상을 위한 동기부여가 된다(임향빈, 2018: 97-98).

> 상담자: 그렇죠. 부부 사이나 가까운 사람하고 갈등이 지속적으로 일어난다는 것은 그 사람과 나 사이의 정서 통장에 균열이 왔다고 보면 돼요. 정서라 하면 사랑, 온정, 배려, 이해, 포용 이런 것들의 총합이 정서잖아요. 은행의 자유 통장처럼 정서 통장 역시도 입출금이 가능해요. 평소에 나하고 가까운 사람하고의 관계 속에서는 정서 통장에 사랑, 온정, 배려 이런 것들로 가득 차 있어요. 갈등이라는 게 들어와서 하나둘 빼가도 잔고가 많이 남아 있으면 그다지 문제가 안 일어나요. 그런데 정서 통장이 고갈된 상태에서 아주 사소한 문제가 들어오면 이게 점차 커져 가지고 감당할 수 없는 상황에 이르게 돼요. 따라서 그 사람과 나 사이에 갈등 관계가 심하다 하면 정서 통장을 들여다보고, 정서 통장에 정서를 하나둘 쌓아 가면 회복하는 데 도움이 된다는 거예요.
>
> 내담자: 저, 질문 있어요. 그러면은 정서 통장이라는 게, 제가 의도적으로 챙겨야 되는 거예요, 아니면 제가 가지고 있는 그냥 많은 정서들을, 그러니까 기존에 내가 가지고 있는 정서들

을 얘기를 하는 건가요.

상담자: 기존에 가지고 있는 것보다도 의도적으로 서로가 챙겨야 돼요. 그러면 여기서 과제가 생겼네요. 남편이 좋아하는 것 다섯 가지, 우선순위로 다섯 가지를 한번 생각해서 다음 상담 때 가지고 와요.

내담자: 적어서요.

상담자: 적어도 좋고, 안 그러면 말로 해도 되고, 근데 한 다섯 가지 정도는, 뭐 여러 가지가 있겠지만 남편이 좋아하는 것 그리고 사랑 님이 좋아하는 것은 무엇인가 그것도 다섯 가지, 우선 이것부터 과제로 해 오고, 따라서 지금 정서 통장까지 이야기를 했어요. 그리고 성격, 풋고추 이야기도 했고 그리고 정서 통장이라는 것은 부부 외에 나랑 가까이 지내야 될 사람 모든 사람들에게 다, 친구나 직장 동료 모든 사람들에게 통용되는 문제예요. 그렇기 때문에 나랑 가까이 지낼 사람인데 좀 멀어지는 느낌이 든다 하면, 그 사람과 나 사이에 정서 통장을 들여다보면 거기에 답이 있을 거예요.

내담자: 그러면 사람마다 다 다른 통장들이 있겠네요.

상담자: 당연하죠. 기대하는 수치가 다르니까…. 궁금하다거나 의문사항 있나요.

내담자: 아니요.

상담자: 그리고 궁금한 거 있으면 생각했다가 다음 상담 때 물어보기.

내담자: 네.

상담자: 이제 상담을 마무리할 시간이 된 것 같아요. 궁금한 거는 없고요.

내담자: 사실 있어요.

상담자: 예, 말씀하세요.

내담자: 저는 이런 상담이 지금 좀 낯설거든요. 근데 내가 지금 잘하고 있나 라는 생각이 드는데요. 잘하고 있나요.

상담자: 예, 잘하고 있어요.

(후략)

편안한 분위기에서 경청과 지지, 격려를 통하여 관계형성을 하였으며, 내담자가 가지고 있는 심리적, 정서적 어려움을 탐색할 수 있었다. 내담자는 회사원으로서 10년 차 전문직으로 근무하고 있으며, 결혼 7년 차다. 남편은 올해 2월에 박사학위를 취득하였으며, 구직 중에 있다. 시부모의 무시하는 태도로 인한 갈등과 직장 내 직무 스트레스로 인하여 심리적, 정서적 어려움에 처하게 되었다. 따라서 억압하던 마음이 우울증 등 병리 증상으로 표출되었다.

2023년 3월부터 신경정신과에 다니고 있으며, 우울증 약을 복용하고 있다. 자신의 의지와 관계없이 화가 나고, 눈물이 나고 감정이 올라오는데 약을 복용한 후 좋아졌다고 하였으며, 현재 증상은 심인성 증상이기에 의사의 권유로 심리상담을 병행하고자 찾아오게 되었다. 내담자의 건강한 대인 관계와 긍정적 변화를 위하여 상담 목표를 정하고 목표에 초점을 맞추어 상담을 진행하였다.

[제2회기]

상담의 치유 목표를 달성하기 위해서는 무의식에 숨겨진 자료를 탐색하고 분석해야 한다. 생후부터 현재까지 경험한 모든 일들은 사라지지 않고 무의식 속에 자리 잡고 있기 때문이다. 이러한 경험은 연상 기억에 의하여 의식 위로 올라오게 된다. 내담자의 생활사는 과거와 현재의 삶을 간단명료하게 제시하여야 하며, 강점과 약점을 제시할 수 있어야 한다. 그리고 가까이 지내는 사람들과의 인간관계를 볼 수 있게 해야 한다. 병리적 생활사에 대한 정보가 부족하면 내담자의 정서적 갈등을 탐색하는 데 어려움이 많고, 증상을 진단하는 데 어려움이 따른다(임향빈, 2021: 164).

(전략)

상담자: 지난 상담 때 과제를 내 줬는데 어떻게, 해 보셨어요?

내담자: 약간 선생님께 죄송한 부분은 처음에 그 과제를 받고 집에 갈 때는 되게 진지하게, 이렇게 뭔가 체계적이고 이렇게 나를 도와주시려고 하니까 나도 열심히 해 봐야겠다. 8일 동안 이런 마음으로 집에 가서 생각해 봐야지 했는데 그걸 미루고, 미루고, 미뤄서 원래 처음에 가졌던 뭔가 마음가짐이랑, 그 답을 생각해 내는 마음가짐이 조금 달라서 조금 그 부분이 뭔가 불성실한 것 같아서, 마음에 걸리는데 생각을 하긴 했습니다.

상담자: 지난번 과제가 남편분이 좋아하는 거 다섯 가지, 내가 좋아하는 거 다섯 가지라고 했어요. 그리고 궁금한 것 있으

면 물어보기, 과제를 네 드렸는데, 우선 남편분이 좋아하는 거 다섯 가지는 어떤 것을….

내담자: 첫 번째는 사람을 좋아해요. 두 번째는 술을 좋아하고요. 세 번째는 이제 맛있는 음식, 그리고 네 번째는 휴식, 그다음에 이제 좋아하는 건 몰입….

상담자: 그러면 사랑 님이 좋아하는 건.

내담자: 첫째는 뭔가 안정적인 평온함인 것 같아요. 근데 이게 되게 뭔가 추상적이더라고요. 근데 그냥 떠오르는 게 이거라서요. 그리고 두 번째는 저기, 경제적 여유, 세 번째는 발전, 커피 그리고 조용함이요. 근데 이게 평온함이랑 같지 않나 생각을 했는데 뭔가 사실 보통은 세 가지만 얘기해 보라는 질문을 많이 받잖아요. 근데 다섯 가지를 생각하려니까 사실 이제 뒤쪽 네 번째, 다섯 번째는 그래 내가 그랬었지, 약간 이런 느낌으로 대답하는 게 좀 있는 것 같은데 조용한 거 좀 좋아해서, 다섯 번째는 조용함으로 했습니다.

상담자: 그래도 사랑 님이 남편에 대해서도 좋아하는 것도 파악하고 있고 사랑 님이 좋아하는 것도 잘 알고 있네요. 남편과의 관계는 어때요, 요즘.

내담자: 잘 지내는 것 같아요. 그런 생각을 하는 이유는 서로 일이, 그러니까 뭔가 서로 각자 신경 써야 될 일이 있어서 그냥 안 건드리고, 그냥 평온하게 유지하려고 하는, 그냥 서로의 그런 노력들. 그러니까 막 되게 더 적극적으로 하진 않지만

그래도 왜 내가 예민해지면 그냥 더 이 사람한테 예민함을 티 내지 않으려고 뭔가 이렇게 노력하는 그런 것들이 있잖아요. 남편이 지금 이제 취업을, 면접 준비를 계속하고 있는데 좀 예민한 시기예요. 근데 사실 저도 궁금하고 물어보고 싶고, 이렇게 원래 하던 것처럼, 이렇게 장난도 치고 싶고 한데, 안 건드리고 궁금해도 좀 참고 그냥 제 일에 집중하려고 그냥 노력하고요. 남편도 그 예민함을 티 내지 않으려고 나름 노력한다는 게 뭔가 느껴지는, 그래서 한 주는 서로 뭔가 되게 바쁘고, 평온하게 그게 그래서 평온하게 지낸 느낌… 그런 것 같아요.

상담자: 남편분이 학위는 취득했나요.

내담자: 올해, 올해 2월에 박사학위를 취득하고 구직 활동을 하고 있습니다.

상담자: 그러면은 남편분은 어느 계통으로….

내담자: 경영학으로….

상담자: 어렵게 박사학위 취득하였을 텐데요.

내담자: 맞아요.

상담자: 옆에서 내조하느라고 얼마나 힘들었어요.

내담자: 그 말도 맞습니다.

(중략)

단기상담은 장기상담과 달리 시간 제한과 효율성에 초점을 맞추어 회기를 계획하고, 보다 더 직극직으로 상담에 임하여야 하며, 내 회기마다 구조화시켜 진행하여야 한다. 따라서 내담자의 긍정적 변화와 상담 목표의 달성을 위해 과제부여 기법의 활용은 중요하다. 과제부여 후 상담자는 차기 상담 때 내담자에게 과제 이행 여부를 확인하여야 한다. 여기서 과제의 성공 여부만을 점검하는 것이 아니고 수행 과정에 있어서 어떤 느낌과 경험을 하였는지 물어보는 것이 중요하다. 이 과정에서 내담자의 생각과 행동 양상이 드러나기 때문이다. 또한 과제부여는 내담자의 복리에 도움이 되어야 하며 내담자 중심의 상담이 되어야 한다(임향빈, 2018: 119-120).

상담에서 과제부여는 내담자를 상담의 연장선상에서 머무르게 하고, 내담자의 긍정적 변화를 위하여 활용한다. 과제를 수행하는 동안에 내담자는 상담실 밖에서 일어나는 일상 행동과 연결되며, 행동의 변화와 성취감을 느끼게 된다. 또한 과제부여는 내담자의 생각과 행동을 이끌어 내기에 상담이 말로 하는 것 이상이라는 것을 보여 주게 된다. 내담자의 긍정적 변화와 탐색을 위하여 지난 회기의 과제를 부여하였으며, 내담자는 성실히 수행하였다. 상담자는 지지와 격려, 공감 등을 통하여 관계형성과 탐색을 하였다.

상담자: 지금은 어떤 부분이 가장 마음을 좀 무겁게 하나요.

내담자: 어떻게 살아야 되나, 그게 아까 그 얘기와도 연관이 됐는데요. 저는 이 나이에는 제가 아기를 키우면서 살 줄 알았어요. 근데 박사, 그러니까 남편이 박사라는, 뭔가 주변에 박사 하는 사람이 없어요. 그러니까 연구소 연구 모임에는 당연히 같은 길을 가는 사람들이니까 있지만, 제 주변에는

석사까지는 하지만 박사까지 가는 사람이 없었어요. 그러다 보니까 뭔가 힘들어 정도만 얘기하지, 뭐라 해야 될까, 진짜 이 길을 아는 사람이 없었거든요. 그래서, 그래서 제가 드는 생각은 뭔가 남들과 좀 더 특별하게 잘되는 것을 추구하는 스타일이긴 한데요. 그 과정이 일단 힘들기도 해서 나는 좀 다른 이런 것을, 결혼생활을 하는구나 또 그런 생각, 그리고 시부모님이 좀 별나잖아요. 근데 보통 사람들에 비해서도 굉장히 튀세요. 그래서 시부모님 두 분도 성격이 참 장난이 아니시고 참 독특하다. 난 약간 그런 또 독특한 시댁을 만났구나. 그리고 또 제 과거가 또 항상 그랬어요. 드는 생각이, 엄마가 돌아가셨다는 게 남들과 다르잖아요. 그런 약간 피해의식이랄까요. 그런 게 늘 있었거든요. 그래서 그것도 뭔가 남들과 다른 것 같고, 뭔가 그러다 보니까 내가 이렇게 열심히 해서 뭐 하면 이 나이 때는 아기 낳고 좀 더 부유하게 이렇게 괜찮은 집에…. 저는 사실 제가 일 안 할 줄 알았거든요. 이렇게 아기 공부시키고 그런 애착이 있어서 그렇게 이것저것 해 보고 싶은 저만의 로망이 있었는데 뭔가 현실적으로 아기를 자꾸 이제 미루게 되는 핑계를 대는 것 자체도 이게 맞나 그런 고민이 계속 들거든요. 내가 만약에 아기를 안 낳으면 어떻게 살아야 되지, 근데 아기를 낳으면 또 어떻게 살아야 되지, 그 생각을 너무 많이 해요. 근데 이거는 뭔가 엄청난 큰 스트레스, 시

텍이링 싸웠을 때처럼 막 갑자기 분노가 오고, 막 이거 너무 큰 스트레스는 아닌데 30대, 30대 초반부터 이 질문에 대해 질문을 계속하고 있었어요. 근데 답을 못 내리겠어요. 그래서 확신이 없어서 아기도 자꾸 어떻게 보면 미룬다고 해야 되나, 그래서 그게 뭔가가 이게 막 엄청난 큰 스트레스는 아닌데 지금 일주일간 생각을 해 보니까, 그러니까 요즘 스트레스라 하면 그냥 그게 좀 마음이 계속 무거운 것 같아요. 37세가 되니까 이제는 약간 내가 곧 있으면 마흔이다 하는 인식이 생기더라고요. 선생님, 근데 마흔 되면 진짜 막 뭐 이런 것도 많고, 자녀도 키우고 그냥 누구나, 그냥 생각하는 그런 마음에 살 것 같았는데, 아직도 뭔가 이제 시작하는 것 같은, 남편도 그렇고…. 그런 느낌이 드니까 어떻게 해야 되지…. 뭔가 예시를 보고 싶고, 모델을 보고 싶은데, 그런 모델들이 주변에 없는 거예요. 그래서 뭔가 약간 그런 불안정함이 저를 고민하게 만들어요. 답은 없는 건데 어떻게 하면 더 잘 사는 삶이 될까 하는 고민이에요. 그래서 제 친구들이랑도 할 얘기가 없어요. 왜냐하면 그 친구들은 일단 남편이 박사를 하지도 않았죠, 그리고 다 애 키우면서 초등학교 들어가는 친구도 있고요, 아니면 유치원 이야기, 이런 이야기를 하는데 공감 가는 것도 없고요. 솔직히 재미도 없고, 근데 걔도 그럴 거고요. 저도 그래요. 그러다 보니까 조금 약간 외로움도 느끼고, 뭔가 좀 약간 전환점이 되는 것 같은데 어떻게 살아야 되나 그런 고민이 들어요.

상담자: 잘 살면 되죠.

내담자: 네, 근데 잘 모르겠어요.

상담자: 잘 살려고 지금 여기까지 온 거고, 우선 아이 문제만큼은 남편하고 좀 더 깊이 진지하게 이야기를 해 봐요. 아이는 내가 갖고 싶다 해서 갖는 거고, 안 갖고 싶다 해서 안 갖는 게 아닌 것 같아요. 갖고 싶다고 다 가지면 불임 부부들이 하나도 없겠죠. 그만큼 아이를 갖는다는 것은 하늘의 축복을 받는 거예요. 그리고 엄마, 아빠 소리는 아무나 듣는 거 아니에요. 지금은 바쁘게 생활을 하다 보니까 잘 못 느낄 거예요. 서서히 하나의 목표를 달성하게 되면, 새로운 것을 바라보기 시작할 거예요. 아이에 대한 생각도 하고, 좀 더 나은 삶을 위해서 생각도 하고…. 남편분하고는 아이 갖는 것에 대해서 더 진지하게 생각을 나누어 봐요.

(후략)

심리상담에서 상담자에게는 내담자의 미해결과제, 걸림, 핵심감정 등을 다루는 책임이 주어진다. 내담자의 과거와 현재, 미래에 대하여 경청하고 내담자의 총체적 심리 상황을 분석하고, 고착된 심적 에너지를 해소하도록 조력하여야 한다.

내담자는 평범한 삶을 추구하였으나 본인의 의지와 관계없이 주변 상황이 흘러가면서 심리적·정서적 정신적으로 어려움에 처하게 되었다. 남편은 박사학위를 취득하였으나 구직 중이고, 시부모의 이해 부족으로 갈등 관계에 처하였다. 또한 아기를 갖고 싶으나 현실적 어려움으로 갖지를 못하고 있다. 친구들과의 삶을 비교하게 되면서 자아존중감이 낮아지고, 피해의식이 있고, 자존심은 높아지고 있다. 또한 자신이 만든 틀 안에 스스로를 가두고 그 안에서 혼자 생각하고 결론을 내리는 등 심인성 질환이 표출되고 있다. 따라서 내담자의 자아존중감 향상과 피해의식을 줄이고자 하며, 상담 목표에 초점을 맞추어 내담자의 긍정적 변화를 이끌어 내고자 한다.

[제3회기]

가계도는 가족의 구조를 나타내는 지도와 같은 것이다. 일반적으로 3대 이상의 가족에 대한 수많은 정보들을 쉽게 보여 준다. 가족 구성원의 개인적인 특성은 물론 구성원들의 관계를 기호를 통해 표시할 수 있으며 관계망도 알 수 있다. 가계도는 가족 구성원이 가족 체계를 새로운 관점에서 볼 수 있도록 하며, 가족 문제를 체계론적 관점에서 재해석할 수 있게 한다. 가계도를 통해 현재와 과거의 가족 모습을 비교할 수 있으며, 가족 체계가 만들어 내는 역기능적인 구조를 설명할 수 있다(임향빈, 2021: 24-25).

(전략)

상담자: 가계도를 이렇게 그려 봤어요.

내담자: 제 가계도 그리는 거 처음 보는 거예요.

상담자: 예, 좀 어떠세요. 가계도 그리는 거 보니까.

내담자: 뭔가 제가 좀 불쌍한 것 같은데.

상담자: 불쌍한 것 같아요.

내담자: 근데 여기 가족들에게서 제가 지지를 받을 수 있는 데가 없잖아요.

상담자: 예, 예.

내담자: 그게 좀 슬픈데요. 그냥 개인적으로는 이렇게 나도 뭔가 가족들이랑 이렇게 좀 잘 지내는 선이 있었으면 하는 그런 생각이 드네요.

상담자: 그렇죠. 사랑 님의 원가족 내에서 현재 상황이에요.

(중략)

상담자: 사랑 님 운동 같은 건 좋아해요?

내담자: 좋아하려고 지금 노력 중이에요. 작년부터, 그때 막 되게 힘들었던 때부터.

상담자: 예, 하루에 햇볕은 얼마나 쐬나요.

내담자: 한 30분 정도 쐬는 것 같은데요.

상담자: 집 주변에 산책할 곳이 있나요.

내담자: 공원….

상담자: 그러면 과제로 하루에 20분 이상 햇볕 쐬고, 자외선이 아주 강할 때는 피하고 자외선이 강하지 않을 때 쐬세요. 우울증하고 햇볕하고는 아주 밀접한 관련이 있어요. 그리고 물을 평소보다 조금만 더 드시고요. 그리고 산책은 매일 할 수가 있어요?

내담자: 힐 수는 있어요.

상담자: 그러면 산책은 하루에 한 시간 정도 걸으세요. 걸으면서 생각을 하지 말고, 길을 가다가 사람들이 자전거를 타고 간다. 그러면 자전거 타고 가는구나. 새들이 있으면 새들이 있구나. 물고기가 헤엄치고 있구나. 그렇게 있는 그대로 보면서 가능하면 생각하지 말고, 말 그대로 걷기 명상을 하는 거예요. 그냥 걸으면서 생각을 좀 비우고, 있는 그대로 물이 흘러가면 물이 흘러가는구나. 사람들이 걸어가면 걸어간다. 앉아 있으면, 앉아 있다. 그렇게 보면서 그냥 걸으세요. 한 시간 이상 산책하기, 남편 칭찬하기, 반찬 하나 만들기…. 반찬은 늘 만들잖아요. 밥 먹으면서…. 밥은 외식만 하나요.

내담자: 네, 네, 만드는 것도 있어요.

상담자: 김치도 있을 거고, 김치찌개를 한다든지, 국을 끓인다든지, 뭔가 할 거 아니에요. 그렇지 않으면 소시지나 달걀 프라이를 한다든지, 그렇게 반찬 한 가지 만들기…. 그러면 과제가 남편 칭찬하기, 반찬 한 가지 만들기, 20분 이상 햇빛 쐬기, 물 평소보다 많이 마시기, 그리고 산책 한 시간 하기 이렇게 다섯 가지예요. 과제를 해 보고 그러고 나서 다음 주에 해 보니까 마음이 어떠한지, 느낌이나 기분에 대해서 그걸 좀 이야기해 주기로 하고, 그리고 혹시 궁금하다거나 의문사항 있나요.

내담자: 저, 궁금한 게 이게 녹음을 하잖아요. 근데 좀 이게 어색해서 그러는데 이 녹음을 하면 이렇게 또 뭐지, 이후에 또다시 들으면서 공부를 하시는 거예요?

상담자: 상담은 한 시간을 하지만 한 시간 상담 끝난 후 다음 상담에 사랑 님이 오기 전에, 한 시간 전에 내가 이걸 들어 봐요. 상담을 하다가 사랑 님의 긍정적 변화와 치유를 위해서, 부족한 부분이나 핵심감정에 대해서 다시 들어 보고 그러면서 다음 상담을 준비하는 거예요. 그래서 아마 많은 곳에서 상담자들이 녹음을 하게 될 거예요. 녹음을 하면서 미리 사전에 동의를 받고 녹음을 하고 그 목적으로 활용을 해요.

내담자: 그냥 궁금했어요.

(후략)

내담자에게 가계도를 그리는 이유를 설명하고 가계도를 그려보았으며, 가계도를 조망하고 분석하였다. 또한 가족 내에서 내담자의 현재 상황에 대하여 탐색할 수 있었다. 내담자는 가계도를 바라보면서 자신이 지지받을 곳이 없다는 것을 자각하였으며 불쌍하다고 하였다.

내담자는 미해결과제, 걸림, 핵심감정에 대해 이야기하고 있다. 따라서 건강한 사고로의 전환을 위하여 걷기, 햇빛 쐬기, 물을 평소보다 더 마시기 등의 과제를 내 주었다.

[제4회기]

감정의 물결이 홍수처럼 밀려올 때 성숙한 부부는 지혜롭게 대처하여 문제를 해결하고자 한다. 그러나 미성숙한 부부는 감정의 물결에 휩싸여 역동이 일어나며, 갈등을 야기하는 요인이나 미해결과제 또는 걸림에 따라 표출하는 상황도 다양하게 나타난다. 미성숙한 부부는 자신이 아는 방법으로 갈등에 대처하게 되며, 이로 인해 갈등의 폭이 점차 커져 그 후유증은 감당하기 어려울 정도로 커지게 되며, 파경을 맞기도 한다. 여기서 자신이 아는 방법이란 성장 과정에서 부모나 양육자로부터 경험한 내용과 발달단계에 따라 경험한 내용들이 무의식에 가라앉아 있다가 조건이 형성되면 의식 위로 올라오는 것을 의미한다(임향빈, 2023: 39-40).

(전략)

상담자: 남편하고 관계는 좀 어때요.

내담자: 그냥 괜찮은 것 같아요. 더 좋아졌다 뭐 이런 것도 없고요. 나빠졌다 할 것도 없고 그냥 원만하게 지내는 것 같아요. 근데 칭찬하기를 못 했어요. 과제를 내 주셨는데 칭찬하기는 못 했고, 그냥 무던하게 보낸 것 같아요.

상담자: 특별한 갈등 상황은 없었고요.

내담자: 없었어요.

상담자: 평소에 칭찬 같은 거, 주변 사람들에게 많이 하는 편인가요.

내담자: 네, 직장에서나 매일 보는 얼굴도 뭔가 인사할 때 그냥 안

부로 칭찬 같은 그런 것을, 저는 이렇게 안부를 칭찬으로 좀 시작하는 것 같아요. 예를 들어서 얼굴이 더 좋아 보이네요, 이런 식으로. 이게 칭찬인가, 그냥 그런 식으로 그냥 이게 제 안부인데 남편한테는 안 하는 건 아닌데요. 일 갔다 오면 말이라도 힘들었겠네, 고생했어, 뭐 이런 식으로….

상담자: 칭찬은요.

내담자: 칭찬인지 모르겠는데 그냥 막 뭔가 격려하고 좀 다독거리는 말을 그냥 자주 짧게 자주 하는 것 같아요. 그런 것 같아요. 근데 뭔가 처음에 이거 끝나고, 2주 전에 끝나고 나서 칭찬하기 해야겠다 했는데, 뭔가 칭찬하기, 길게 어떻게 더 칭찬을 하지 약간 이런 생각이 들더라고요. 그래 가지고 그래서 어떻게 하는지 사실 잘 모르겠어서 못 한 것도 있었던 것 같아요. 뭔가 모르겠어요. 칭찬하기, 잘 모르겠어요.

상담자: 칭찬받는 거는 어때요.

내담자: 칭찬을 받는 거요.

상담자: 남들이 나한테 칭찬해 주면….

내담자: 살짝 어색하고 부끄러워요.

상담자: 남편분 성향은 좀 어때요.

내담자: 어떤 성향….

상담자: 그러니까 칭찬을 잘 해 주는 편인가요.

내담자: 아니요. 아닌 것 같아요. 저는 칭찬… 저희가 이렇게 되게 크게 싸우고 나서는 조금 좀 나아지긴 했는데….

상담자: 그게 싸웠다.

내담자: 전에 시댁 일이랑 이렇게 크게 싸웠다 그랬잖아요. 그래서 크게 싸우고 나서는 이렇게 좀 말투를 나름 바꾸려고 노력은 하는데, 워낙 이게 뭐라고 해야 될까, 이렇게 말투랑 표현하는 게 살짝 본인이 윗사람이 되어야 돼요. 지배적이라고 해야 되나, 그래서 뭐 잘했네, 이런 것보다도 그냥 이런 거 있잖아요. 잘했네, 근데 못하면 막 난리가 나는 거죠. 제가 뭐 자기 기준에 맞지 않게 뭘 했다 그러면 가르쳐 준다는 것보다 약간 지적받는 기분이 들어요. 저는 그래서 남편한테, 오빠 말투가 나는 지적을 받는 것 같아서 기분이 나쁘다, 근데 사실 내가 진짜 잘못한 것도 있지만 어떻게 보면 약간 성향이라든지 기준의 차이인데 그걸로 나를 비난하듯이 이렇게 뭔가 하는 것 같아서 나는 기분이 나쁘다. 이렇게 얘기를 하는데 그게 그냥 좀 습관이 된 것 같기도 하고 저한테뿐만 아니라 좀 어떻게 보면 조언하기 좋아하고, 그런 스타일이에요. 리더십도 있고. 근데 기분 나쁠 때가 좀 있더라고요. 집안일하고 이럴 때 그래서 칭찬에 그렇게 관대한 것 같지는 않습니다. 남편이….

상담자: 지난번에 성격, 성향, 가치관은 후천적 학습 영향으로 형성된 것으로 다 바꿀 수 있다고 했어요. 정서 통장에 대해서도 이야기를 했죠.

내담자: 네, 근데 그거는 제가 생각도 못 했네요. 그리고 걷기 명상

을 추천해 주셨는데 그때 그것도 생각보다 잘 안됐어요. 생각보다 멍 때림, 그냥 보이는 것에만 집중하는 게 뭔가 저는 쉽지 않더라고요. 오늘 버스 탈 때도 큰 근심이 있는 건 아닌데 뭔가 좀 계속 생각을 했던 것 같고, 그래서 선생님이 그냥 보는 거에 집중해서 생각을 비우라고, 머리를 비우라고 했는데 잘 안되네, 이런 생각을 하면서 왔어요.

상담자: 그렇죠. 과제 이야기 나왔으니까 그러는데, 남편 칭찬하기는 잘 안됐고 반찬 한 가지 이상 정성껏 만들라고 했는데….

내담자: 조리되어 있는 걸 잘 이렇게 주기는 했는데요. 제가 만들지는 않았어요. 이것도 노력해 보겠습니다.

상담자: 어차피 밥을 먹을 거잖아요. 그럴 때 국을 끓이더라도 더 정성이 들어간 상황에서 남편에게 주면서 맛있냐고 물어봐요. 그게 서로 관계형성을 하는 데 도움이 많이 돼요. 그리고 정서 통장을 차곡차곡 쌓는 거고, 내가 당신을 위해서 이렇게 정성껏 만든 반찬이야, 국이야, 그러면서 맛있냐고 물어봐요. 그러면 당연히 맛있다고 하겠죠. 그다음에 또 물어봐요. 만들 때마다 그러면 자동적으로 칭찬이 나올 수 있도록, 나를 위해서 반찬을 맛있게 해서 준비해 주는데 맛있다고 하지…. 거기서부터 시작하는 거예요. 조금씩, 조금씩…. 정서 통장 쌓는 것이 큰 데서부터 시작하는 게 아니고…. 20분 이상 햇빛 보라고 했는데.

내담자: 이건 좀 했고요. 물은 병소보다 조금 더 마시고 있고요.

상담자: 산책은 1시간 정도 하고 있나요. 공원을 도는 건가요.

내담자: 거기 말고 둘레길 있잖아요.

상담자: 예.

내담자: 공원은 너무 지겨워 가지고 다른 코스로 해서 그냥, 그냥 이렇게 걸어도 보고 그리고 퇴근할 때 걷는다든지, 아니면 저기 연휴에도 딱 산책해야지 하고…. 할 시간이 많지는 않았어요. 근데 그래도 한 40~50분 정도는 동네 공원 같은 데 걸으려고 하고 그랬던 것 같아요. 그래서 딱 한 시간을 채우지는 못하지만 그래도, 그래도 시간 될 때 좀 이렇게 몸을 움직이려고 좀 했었어요.

상담자: 잘하고 있네요.

내담자: 그리고 이번 주에도 등산을 가려고 하고, 다다음 주에도 등산을 가려고 하고요. 뭔가 몸을 좀 움직이는 데에 집중을 하고 싶다는 생각이 들어요.

상담자: 그러니까 등산은 남편하고 같이 하는 건가요.

내담자: 다음 주, 이번 주에 가는 거는 시부모님이랑, 제가 좀 주도를 해서 제가 강원도를 좀 좋아하는데, 사실 시부모님을 한 번은 모셔 보고 싶다는 생각을 했어요. 근데 전라도가 강원도랑 사실 교통이 불편하다 보니까 그렇게 여행지로 자주 올 수 있는 곳은 아니거든요. 그래서 그냥 연세 더 드시기 전에 강원도나 이렇게 이런 데 가 가지고 산이랑 좀

구경시켜 드리고 싶다 생각은 했었는데, 그냥 이번에 조금 그냥 추진력 있게, 시간이 언제, 언제 괜찮으시면 가요 했는데 다 맞추다 보니까, 이번 주에 당장에 가야 되는 상황인 거예요. 그래서 처음에는 좀 내가 그냥 너무 섣부르게 무리하게 잡았나 하다가도 이렇게 안 하면 또 각자의 개인 일정들이 있어서 겨울 지나고 또 내년 되고 이럴 것 같더라고요. 그래서 그냥 숙소부터 일단 잡고 무조건 그냥 그래도 얼굴 보고 좀 빡빡한 일정이 되겠지만, 얼굴 보고 등산도 하고 좋은 거 구경시켜 드리고 싶으니까 참석해 달라고, 약간 반강제로 제가 좀 그러긴 했거든요. 그래서 이번 주도 그렇게 갈 것 같고, 일단은 몸을 움직이면 좀 생각이 좀 없어지고요. 그리고 기분도 상쾌하고요. 뭔가 규칙적인 것 같은 느낌, 그리고 지금 남편이 회사 마지막 면접을 보고 이제 기다리고 있는 중인데 사실 굉장히, 솔직히 말하면 정말, 정말 기다려지고 빨리 결과를 듣고 싶어요. 근데 이거는 제가 이렇게 재촉한다고 해서 되는 게 아니잖아요. 그래서 그러다 보니까 그거를 조금 잊기 위해서 뭔가 좀 바쁘게 살고 싶다, 그런 생각도 들고 그래서 의도적으로 제가 좀 바삐 움직이려고 하는 것 같아요. 지난주부터 이번 주, 다음 주까지 계속 좀 약속도 일부러 만들고 그런 것 같아요. 거기에 매이지 않으려고요.

상담자: 잘하고 계시네요. 특히 시부모님 모시고 산에 간다는 것

이 사소한 것 같지민 님들이 볼 때는 뭐 그럴 수도 있지 하지만 그렇게 계획을 세우고 함께 간다는 그 과정도 그렇고 그리고 정서 통장 쌓는 데 그보다 더 좋을 수가 없어요. 거기서 그렇게 계획대로 이끌어 가면서 자연스럽게 칭찬을 해 드리는 거예요. 그리고 필요한 것이 무엇인가 미리 센스 있게 대처를 해 드리는 거예요. 그렇듯이 산에 올라갈 때 정보가 좀 부족하다 싶으면 미리 좀 살펴보고, 내가 좀 찾아보니까 이쪽으로 가는 게 맞는 것 같아요 그렇게 한다든지, 항상 배려하는 차원에서 해 드리면, 관계를 돈독히 하는 데 큰 도움이 될 거예요. 그러면서 자연스럽게 남편의 기도 살리는 거고 그리고 단둘이 있을 때 남편에게 나 잘했지, 잘했지 칭찬 한번 해 줘, 그러면 자연스럽게 칭찬하게 되죠. 그렇게 분위기 조성을 하는 거예요. 일부러 막 꾸미는 것보다도 일상 삶에서….

(후략)

내담자는 과제를 수행하는 과정에서 마음의 변화가 나타나기 시작하였다. 남편을 칭찬함으로써 관계 회복에 도움이 되었고, 걷기를 하면서 몸의 변화를 느끼기 시작하였다. 또한 시부모님과의 관계 개선을 위해 등산 계획을 세우는 등 노력하는 모습도 보이기 시작하였다.

내담자는 결혼 이후 주변 환경의 변화와 이에 대처하는 회복탄력성이 낮고, 낮은 자존감과 피해의식으로 인하여 자신의 틀에 갇혀 스스로 힘들게 하고 있었다. 상담 회기가 지나면서 남편과의 정서 통장 쌓기, 시부모와의 관계 개선 노력 등 변화가 나타나고 있었다. 따라서 지지, 격려, 공감, 칭찬, 인정 욕구를 충족하여 주었고, 과제를 지속적으로 내 주었다.

[제5회기]

성(性)은 인간의 가장 기본적인 행동 범주 중의 하나이며, 인간의 성은 단순한 생식과 종족 보존의 기능만을 가진 것이 아니라 남녀의 관계에 있어서 서로를 맺어 주고, 그 관계를 유지시켜 주는 데 중요한 역할을 한다. 이와 더불어 성은 인간이 추구하는 즐거움과 쾌락의 원천이 되며 남녀 관계, 나아가서는 인간관계를 활기차고 풍요롭게 한다(임향빈, 2023: 62).

(전략)

상담자: 언제부터 각방 쓴 거예요.

내담자: 한 3~4년 된 것 같은데, 3년… 한 3~4년 된 것 같아요. 제가 새벽에 엄청 일찍 일어나는 편이고, 남편은 얘기했듯이 밤에 운동하고, 밤에 활동하고 그리고 대학원생이었으니까, 출근이 좀 늦고 해서 저랑 좀 패턴이 달랐어요. 근데 제가 좀 예민하거든요. 귀가…. 근데 남편 핸드폰 소리나 코고는 소리 이런 거에 잠을 못 자니까, 처음에는 저를 위해서 이렇게 방을 따로 쓰는데, 그러다 보니까 같이 자면 제가 뭔가 그 소음이라 할까요, 그게 너무 신경이 쓰여서 깊게 못 자더라고요. 그래서 조금 같이 자려고 하다가 그냥

계속 따로 잤어요. 서로 패턴에 맞게. 그래서 그냥 지금도 또 남편은 더위를 좀 많이 타요. 그러다 보니까 남편은 좀 시원한 데서 자고… 거실에서 자고요. 그러니까 저는 조용하고 덜 추운 데서 자고 그런 성향이라 해야 될까, 그러니까 그런 게 좀 달라서 그냥 편안하게 따로 그냥 그렇게 자요. 그게 그냥 편하더라고요. 그래서 그렇게 한 지는 좀 몇 년 됐어요.

상담자: 언제까지 그럴 거예요.

내담자: 모르겠어요.

상담자: 남편도 각방 쓰는 걸 원해요?

내담자: 남편은 머리만 대면 잠을 잘 자는 스타일이거든요. 그래서 본인은 상관이 없다고 하는데, 제가 이제 잠들기가 예민하니까 그런 게 싫더라고요. 저는 제 스케줄에 맞춰서 제 일상을 시작하고 싶은데, 남편 알람 소리라든지 뭔가 화장실 가는 소리 이런 거에 제가 잠이 일찍 깨면 저는 그게 너무 싫더라고요. 그래서 그냥 저는 사실 이게 좋아요. 마음 편히 밤에 화장실 가고 이러면 제가 잠을 이렇게 잘 깨더라고요. 그래서 사실 좀 수면의 질은 따로 잘 때가 저는 훨씬 더 좋아지고, 이거를 좀 고수하고 있습니다. 근데 언제까지라고 생각해 본 적은 없어요.

상담자: 어르신들 말에 부부 싸움을 하더라도 각방은 쓰지 마라 이런 얘기 들어본 적 있어요. 왜 그런 것 같아요.

내담자: 그래도 그냥 옆에서 같이 자면 그 공간이 주는 친밀감이랄까 그런 게 있어서 그런 거 아닐까요.

상담자: 어르신들 말에 의하면 부부 싸움을 해도 각방을 쓰지 말라고 하는 것은 각방을 쓰는 순간 사소한 마찰이 생기면 혼자 생각하고, 혼자 결론을 내려 버려요. 나중에 예상하지 못했던 일들이 벌어질 수도 있어요. 제가 협의이혼상담위원이라고 했잖아요. 협의이혼실에 오시는 분들 보면 많은 부부들이 각방을 쓰고 있어요. 각방 쓰다가 별거를 하게 돼요. 6개월이나 1년 별거하다가 협의이혼하러 법원에 오게 되죠…. 그러면 남편과 부부 관계는, 성관계는 일주일에 몇 번 해요.

내담자: 저는 거의 안 해요. 일주일에 한 번도 안 할 때도 있고, 한 달에 한 번도 안 할 때도 있었어요.

상담자: 그러면 최근에 성관계를 한 지는 얼마나 됐어요.

내담자: 두어 달 된 것 같은데요.

상담자: 두어 달….

내담자: 두 달쯤 된 것 같아요.

상담자: 사랑 님이 생각하기에 남편분은 성적으로 강한 편이에요. 중간이에요. 약해요.

내담자: 중간일 것 같은데요. 약하지 않은 것 같고요. 중간 정도 되지 않을까 싶어요.

상담자: 사랑 님은….

내담자: 저는 좀 약한 것 같아요. 약해진 것 같아요.

상담자: 약해진 것 같아요?

내담자: 그냥 제가 직장생활 하면서 몸이 힘드니까 성욕이 많이 없어졌는데, 시부모랑 갈등이 있고, 남편에 대한 감정이, 안 좋은 감정이 막 이렇게 생각나면서 더 뭔가 남편에 대한, 그러니까 뭔가 성적인 그런 것이 점점 더 없어지는 것 같아요. 남편이 싫은 건 아닌데, 뭔가 성관계를 가져야 된다는 생각을 자꾸 그냥 후순위로 두는, 좀 그런 것 같아요.

상담자: 이걸 물어보는 것은 사랑 님이 부부 관계에 있어서 정상 범주에 들어오나 정상 범주 밖인가 이걸 살펴보기 위해서 그런 거예요. 보통 10대, 20대 초반에는 하루에 한 번씩 자위를 해도 성호르몬 분비가 계속 왕성하게 올라와요. 그리고 20대 후반은 적어도 2~3일에 한 번씩은 성관계를 하고, 그리고 사랑 님이 지금 30대 후반, 남편분도 30대 후반, 이 나이 대에는 3일에 한 번… 일주일에 한 번은 관계를 하는 것 같아요.

내담자: 근데 성욕이 그렇게 생기지가 않으니까요.

상담자: 그러니까 성이라는 것은 한쪽 배우자가 일방적으로 요구한다 해서 되는 게 아니에요. 분위기가 갖춰져야 돼요. 성관계를 할 수 있는 분위기를 만들어야 된다는 거예요.

(중략)

결혼생활에서 성이 차지하는 비중은 크며, 성으로부터 파생되어 표출되는 상황은 다양하다. 성관계가 원만한 부부는 서로를 이해하고 배려하며, 정서적으로 안정된 상태를 유지하게 된다. 그러나 성적인 욕구를 충족하지 못하는 부부는 사소한 일에도 사사건건 배우자의 잘못을 지적하며, 갈등이 일어나고 부정적으로 대처한다(임향빈, 2023: 70).

내담자는 자기중심성이 강하고 배우자에 대한 배려가 부족해 보이며, 각방을 쓴 지 3년이 지났다. 최근 성관계를 한 지가 두 달이 넘었으며, 부부 관계에서 성관계의 필요성에 대한 이해가 부족한 것 같다. 이로 인하여 대외적으로는 문제가 없어 보이려고 노력을 하지만 부부 사이에는 서로에 대한 욕구 충족이 안 되어 심리적 거리감을 느끼고 있다.

내담자: 그래서 성관계가 약간 임신을 하기 위한, 뭔가 수단 같은 느낌도 좀 들고 좀 그래요. 뭔가 그게 좀 번거롭다 해야 되나요. 그러니까 배란일을 챙겨서 뭔가 성관계를 하는 것도, 그냥 뭔가 그렇게 하는 것도 싫고요. 또 뭔가 이제 패턴도 안 맞고 이러니까, 그러니까 자는 패턴도 안 맞고 이러니까, 뭔가 밤에 그렇게 가질 일도 없는 것 같고, 뭔가 피곤하고 밤에는…. 근데 아침에는 또 일어나자마자 또 출근해야 되고, 그러다 보니까 점점 성관계 횟수가 없어지고, 나중에는 그냥 성관계를 가질 필요를 제가 못 느끼는 것 같아요. 근데 그렇다고 안 좋아하는 건 아니거든요. 맨날 이렇게 뽀뽀도 하고, 이렇게 허그도 하고 막 그러는데 뭔가 성관계

를 가지는 거는 또 다른 것 같아요.

상담자: 부부의 행복 척도를 성관계 빈도로 잡아요. 성관계가 왕성한 부부일수록 행복한 부부이고 성관계가 뜸한 부부일수록 불행할 확률이 좀 높아요. 행복의 척도는 성관계 빈도다 그렇게 생각하면 돼요. 성관계는 성 욕구 배출보다 더 중요한 것은 정서 통장을 쌓는 거예요. 스킨십을 통해서 부부 사이가 돈독해진다는 거예요. 그리고 성관계는 한쪽이 일방적으로 원해서 되는 것도 아니에요. 분위기를 새로 바꾸기 위해서는 무드 등을 켠다든지, 술을 좋아하면 와인 같은 거, 기분 좋게 한잔씩 하고 그리고 관계를 하고 그렇게 분위기를 만들어야 돼요. 노력을 해야 돼요. 근데 우선순위에 밀리면 삶의 질이 굉장히 낮아져요. 남편분도 아마 두 달 동안 성관계를 안 했다고 그러면 스트레스도 받고 그럴 거예요. 물론 혼자 자위를 통해서 해소할 수도 있지만, 하지만 그것은 결코 바람직하지 않다고 생각해요.

내담자: 맞아요. 저도 아니 우리 부부가 사이가 되게 좋긴 한데, 섹스리스 부부이긴 하네요. 근데 뭔가 우리 부부가 잘 지냈는데 이게 뭔가 자연스럽게 나중에 좋아지지 않을까, 계속 그냥 그렇게 보냈던 것 같아요. 시간을, 근데 자연스럽게 지난 것 같긴 하지만 그렇다고 횟수가 늘어나지 않은 것 같아요.

상담자: 건강하다면 사랑 님 나이 대에는 보통 3일 또는 일주일에

한 번씩은 해요.

내담자: 네.

상담자: 성은 기능적이에요. 자꾸 하면 횟수가 늘어요. 물론 이제
　　　　직장생활에서 스트레스 받고 그러다 보면 성 욕구가 올라
　　　　오지 않고, 그럼 관계하기가 좀 어렵겠지만 그것도 의학적
　　　　으로 약들이 좋으니까, 성관계가 어렵다고 하면은 비뇨기
　　　　과 가서 진단받고 약 처방받고 노력하면 되는 거예요. 하루
　　　　를 살더라도 행복하게 살아야죠.

내담자: 행복에… 제가 그거는 전혀 염두에 두지 않았어요.

상담자: 이제부터 더 어려워지기 전에 노력해 보세요…. 지금 3년
　　　　동안 각방을 썼다.

내담자: 네, 맞아요.

상담자: 그러면 이제 바꾸도록 노력하세요.

내담자: 선생님, 그러면 그전에는 방이 3개였다가 지금은 이제 방 2
　　　　개로 집을 옮겼거든요. 그래서 한 방에 침대가 2개 있어요.
　　　　그런 경우에는 한 침대를 꼭 같이 써야 돼요?

상담자: 그렇지는 않아요. 그거는 편한 대로 하지만 가능하면 한 침
　　　　대를 쓰고, 불편하다 하면 두 개를 놓고 지내는 것도 좋고.

내담자: 근데 어쨌든 그 방을 같이 공유를 하고 그렇게 하라고 하
　　　　시는 거죠. 알겠습니다.

(중략)

부부 갈등의 원인에 대하여 성이 차지하는 부분이 많은데도 불구하고 성관계가 원만하지 않은 부부는 자신이 아는 방법대로 해결하려고 하여 갈등의 폭이 점차 커지게 된다. 성에 대한 이야기를 꺼려하거나 성 욕구 불만에 대해 이야기를 해도 배우자의 자존심이 상하게 되기도 한다. 이는 성에 대한 이해의 부족과 이를 해결하고자 하는 노력이 부족하기 때문이다(임향빈, 2023: 71).

상담자: 짧은 시간에 과거탐색은 잘하셨나요.

내담자: 근데 확실히 뒤로, 이제 과거 쪽으로 갈수록 어떤 일이 있었는지 좀 많이, 좀 찾는 데 시간이 걸리긴 하더라고요. 그래서 내가 시간이 진짜 많이 지났구나 이런 생각이 들었어요.

상담자: 들어갈 때 만나는 사람하고 나올 때 만나는 사람이 동일인인가요. 안 그러면 다른 사람도 보이던가요.

내담자: 다른 사람이에요.

상담자: 각자 경험한 바에 따라서 다를 거예요.

(후략)

과거탐색은 내담자의 성장 과정이 현재의 성격, 성향, 가치관에 어떠한 영향을 미쳤는지 알아보는 것이다. 탐색한 내용을 분석하고 이 과정에서 상담자와 내담자는 우호적 관계를 형성하게 된다. 내담자는 자신의 과거를 되돌아보고 이야기하게 되며 자각, 통찰 등을 하기도 한다. 상담자는 과거탐색을 통하여 내담자의 초기 경험과 성장 과정에 대해 살펴보고 현재의 핵심감정과 미해결과제에 어떠한 영향을 미쳤는지 사정한다. 즉, 과거탐색은 내담자의 초기 경험과 성장기 과정을 상담으로 이끌어 내기 위한 상담 기법의 일환이다(임향빈, 2021: 28-29).

내담자의 현재 성격, 성향, 가치관은 어린 시절 성장 과정이 영향을 미친 부분이 많기에 현재의 성격을 알기 위해서는 내담자의 초기 성장 과정을 탐색하여야 한다. 따라서 필자가 창안한 과거탐색 기법을 활용하여 성장 과정을 살펴보았다.

성장 과정에서 원가족과의 관계, 친구의 관계, 미해결과제, 걸림, 트라우마 등을 탐색하였다. 내담자는 초등학교 6학년 때에 어머니가 교통사고로 돌아가셨으며, 이후 장녀로서 어머니의 부재 속에서 동생들을 돌보아야 했다. 아버지가 부엌에서 일하는 모습을 늘 보고 자랐으며, 결혼 이후 남편이 부엌에서 일하는 것을 당연하게 생각하였다. 내담자는 배우자를 자신이 아는 방법대로 사랑하고 사랑을 주고 있었다.

[제6회기]

자아존중감이 높은 사람은 타인과의 관계에서 상생을 추구하며, 더불어 살아간다. 타인을 지나치게 의식하지 않으며, 자신의 가치를 존중하며, 긍정적 사고를 가지고 있다. 또한 미래지향적이며, 이타심이 많아 관계 안에서 정서적 교류를 잘한다. 그러나 자아존중감이 낮은 사람은 피해의식이 많으며, 타인을 지나치게 의식하고, 자존심이 강하여 관계에 어려움을 야기하기도 한다. 이와 함께 부정적 사고와 함께 과거지향적인 면이 강하다(임향빈, 2023: 119).

(전략)

내담자: 그냥 이제 쉽게 클 수는 없다는 생각은 하는데 그 힘들 때, 원래 이제 뭔가 가장 가까운 사람한테 기대고 싶잖아요. 근데 그게 약간 시댁도 포함이 됐었는데 그때 안 그래도 뭔가 바람이 불고 있는데, 막 태풍을 뭔가 몰고 오는 기분이었거든요. 그러다 보니까 약간 뭔가 좀 사람에 대한 회의감, 부모님도 결국은 내가 뚜렷한 아웃풋을 주지 않으면 나를 비난하고, 나를 못 믿고, 약간 그런 사람인가, 약간 이렇게 남편이랑 저랑 그런 생각도 많이 했었어요. 저는 그런 저는 사실 아버지가 굉장히 좀 엄했어요. 되게, 자상할 때는 그래, 그래 이렇게 하는데 약간 규칙에 어긋나는 거를 좀 굉장히 뭐라 하셨거든요. 저는 성격이 좀 이렇게 자유롭고 좀 그런 걸 좋아하는데 아빠는 딱 이렇게 맞춰져 있으면 그렇게 딱딱하기를 원하시는 거예요. 그래서 아빠 기준에 좀 많이 안 맞았거든요. 그래서 뭔가 아빠한테는 속 시원하게 이야기하지도 않고 왜냐하면 또 아빠 기준에는 뭔가 제가 하는 행동이 마음에 안 들 것 같다는 생각이 들어서 그래서 제가 힘들고 할 때도 아빠한테도 말도 안 했어요. 거의 그러다 보니까 더 속병이 났던 것 같고 그래서 시댁, 그래도 교류가 많다 했잖아요. 시댁은 그래서 좀 그래도 시댁에 좀 내가 의지를 했던 것 같은데, 뭔가 이제 저희를 약간 다그치고 뭔가 좀 못 믿는 것 같다는 생각이 드니

까, 많이 서운함도 컸고요. 뭔가 자신감도 좀 자꾸 없어지는 것 같고 그런 게 생기더라고요. 그래서 약간 이게 뭐, 사는 게 뭐, 아직도 내가 배워야 될 게 많다, 인생은. 막 이런 생각이 드는데…. 왜 되게 잘 흘러가는 사람도 있잖아요. 자꾸 그런 사람을 좀 선망하게 되는 거예요. 저 사람은 그냥 물에 떠 있으면, 그냥 자연스럽게 바람을 타고 도착지까지, 그냥 이렇게 흘러가도록 노 젓는 방향으로 바람도 이렇게 막 불어 주는데, 나는 왜 바람의 반대 방향으로 이렇게 가는 것 같지, 뭔가 이런 생각이 들어서 약간 억울하더라고요.

(중략)

내담자: 시험을 치는 것도 아니고 내가 잘한다고 해서 졸업을 하는 것도 아니더라고요. 그래서 그런 항상 막연한 불안감…. 나이는 점점 들어가는데 박사학위도 못 따고, 남들은 너 뭐 하고 있어, 이렇게 하고 자기 스스로도 자기 인생이 불안한데, 이제 가족까지 뭔가 이렇게 막 해 버리면 그게 더 힘들고, 반면에 그래, 너는 한 10년 정도, 그래 공부하지, 이렇게 좀 여유롭게 기다려 줄 수 있는 그런 가정환경의 사람들을 좀 부러워하더라고요. 근데 저도 그 얘기를 듣는데, 그 길을 가 보았다면 이해를 하는데, 제 주변이나 남편 주변에는 없어요. 그래서 더 힘든가 봐요. 근데 우리도 뭔가 누군가가 그 위에 있어서 그 길을 가 보고 박사는 원래 좀 저런 과

정을 거치는구나 하는 걸 알면 막 이렇게 뭐라 해야 될까, 이건 왜 이러냐, 이렇게 해명하고, 설명하고, 설득시키고 하는 과정이 없으면 조금 더 편하지 않았을까 하는 그런 아쉬움도 있고 좀 그런 것 같아요. 그래서 그런 것도 있어요. 그러니까 이런 일들이 있다 보니까 제가 아기를 낳는 것도 이것 때문만은 아니지만, 생각을 하는 게 내가 아기를 낳으면 시부모님한테는 첫 손자가 되잖아요. 근데 이게 뭔가가 처음으로 해서, 제가 둘째가 안 돼 봐서 모르겠지만 뭔가 처음이 좀 부담스러워요. 이제는 뭔가 결혼할 때도 막 좀 이렇게 했던 것도 많고 그러다 보니까 그냥 뭔가 첫 손주를 낳으면 또 내가 부딪혀야 할 일들이 많겠지, 그런 생각도 좀 들더라고요…. 뭔가 남편 쪽이 힘들면 친정 저희 집에서라도 그래 뭐 이렇게 좀 도와주고 그러면 좀 낫지 않았을까…. 둘 다 그게 이제 안 되다 보니까 그 시기는 좀 많이 힘들었던 것 같아요.

상담자: 그동안 고생 많이 하셨어요. 이제는 사랑 님 같은 경우에는 모든 조건이 남들보다 더 나와요. 보통 기준선에서 봤을 때….

내담자: 진짜요. 근데 저는 그런 생각이 안 들어요.

상담자: 그거는 피해의식이 깔려 있기 때문에 그래요. 이거는 성장 과정에서 다소 사랑 님의 인정 욕구가 충족되지 않아서 그런 거 아닐까 생각해요. 사랑 님은 나름대로 현재 상황에

서 더 나은 삶을 살아가고자 해요. 물질적으로 아무리 많이 쌓여도 내가 피해의식이 있고, 열등감도 있고 그리고 관계 속에서 계속 어려움이 있다고 하면… 특히 공허함, 채워도 채워지지 않는 공허함 이런 부분들… 그러니까 그런 부분들이 해결이 안 되면, 물질적으로 많은 것을 가져도 계속 채워지지 않았기 때문에 채워도, 채워도 충족이 안 될 거예요. 사랑 님이 어느 쪽으로 지금 더 관심을 갖고 있는지, 그 부분이 채워도 채워도 채워지지 않는다는 거예요.

내담자: 맞아요. 심리적으로 채워지지 않아요.

상담자: 그거는 공허함 때문에 그래요. 보통 사람들은 부족하지만 자기 삶에 만족하면서 사는 사람들도 많아요. 월급 가지고 조금씩, 조금씩 쪼개 가지고 불려 나가는 그 재미로…. 따라서 사랑 님이 지금 자신을 반추해 보세요. 되돌아보라는 거예요. 그리고 앞으로 현재와 미래에 대해서 어떻게 그 방향을 잡아가야 내 삶의 질이 높아지는가, 내 삶의 질이 높아진다는 것은 남편의 삶의 질도 함께 높아진다는 거예요.

내담자: 네, 맞아요.

상담자: 함께 이루어 가는 거고 그리고 가정의 정서 관리자는 아내예요. 아내가 편해야 남편도 편한 거예요. 그런 관점에서 볼 때에 내가 바로 서면, 주변 사람들도 다 바로 서요.

(후략)

내담자는 성장 과정에서 욕구 충족의 결여로 피해의식과 심리적 공허함이 내재되어 있다. 주변 사람들과 비교하고, 자신의 처지가 안되어 보이고, 지나간 과거에 얽매여 스스로 옥죄고 있다. 또한 다가오지 않은 미래에 대한 불확실로 인하여 현재의 삶을 불행하다고 느끼고 있다. 따라서 내담자가 긍정적 사고로 전환하도록 하기 위하여 현실을 직시하고, 객관적으로 자신을 반추하도록 한다. 또한 열등감, 피해의식, 심리적 공허함의 치유를 위하여 과제를 부여하고, 직면과 둔감화를 통하여 긍정적 사고의 전환을 이끌어 내고자 한다.

[제7회기]

기능적 의사소통을 하는 부부는 대화의 내용과 감정이 일치하며, 진실한 자신의 감정을 적절하게 표현할 줄 안다. 이러한 의사소통을 하기 위해서는 믿음과 신뢰의 기반이 형성되어야 한다. 이를 위해서는 자신의 의사소통이 배우자와의 대화에서 어떻게 표현되고 있으며, 받아들여지고 있는지에 대해 반추하여야 한다. 또한 자각과 통찰 그리고 성찰을 한다면 관계 속에서 친밀감은 더욱 향상될 것이다. 즉, 자신의 마음과 감정을 잘 이해하고 그에 따른 말과 행동을 일치시키며, 더 나아가 배우자가 가진 언어 표현 방법에 대한 이해와 배려도 해야 한다. 자기의 생각과 뜻을 배우자에게 분명하게 전달하고 경청을 잘한다면 더욱 원활하고 건강한 의사소통을 할 수 있을 것이다(임향빈, 2023: 35).

(전략)

내담자: 그냥 뭔가 저도 제 업무 쪽에 몰두하다 보니까 좀 남편 존

재에 대해서 막 그렇게 신경을 안 썼던 것 같고, 남편도 이제 2차 검진하고 바빴어요. 그래서 서로 뭔가 바빠 가지고 그냥 이렇게 부딪힐 일이 없고 그냥 한 주를 서로 바쁘게 보낸 느낌, 그래서 뭐 그냥 무덤덤했다고 해야 되나, 그렇습니다.

상담자: 잘 보냈네요, 그러면.

내담자: 네, 큰 이벤트는 없었어요.

상담자: 남편과 칭찬하기는 좀 하고 있어요?

내담자: 네, 근데 그게 칭찬하기가 약간, 이제 끝에 잔소리로 또 변하더라고요. 제가 아, 참 잘했어 하는데, 그래 이렇게, 이렇게 하니까 이렇게 되잖아 하면서 이거를 이게 그러니까 칭찬하기로 시작을 했는데, 이렇게 살짝 그렇게 갈 뻔하다가, 또 그래 이렇게 또다시 좀 그렇게 되더라고요. 약간 그래서 제가 그렇게 안 하려고, 사실 그것도 많이 제가 절제를 한 거거든요. 더 이제 그거를 안 하는 게 좋겠죠.

상담자: 그렇죠.

내담자: 이제 건강검진 때문에… 이제 좀 저희 둘이 공통된 이슈가 있다 하면 건강검진이었거든요. 근데 남편도 좀 초조해하고 본인 몸이 점점 안 좋다 얘기 들으니까, 그냥 그래, 나 술 먹으니까 혈압 있지, 이렇게 짐작하는 거랑 수치로 나와서 2차 받으세요 하니까 본인이 확 와닿잖아요. 약간 기가 죽어 있더라고요. 그래서 좀 이렇게 격려도 해 주고, 뭐 잘 관

리하면 된다. 뭐 이렇게, 어떻게 보면 정말 심각한 병도 아니고 충분히 관리할 수 있는 병인데 이렇게 하다가, 그러기에 내가 이러면서 그런 거 있잖아요. 생활습관 고치라고 했는데 이렇게 하다가 또다시…. 다시 또 칭찬으로 하면서 격려해 주고 그게 그냥 반복됐던 것 같아요.

상담자: 잔소리를 조금 줄이면 되겠네요.

내담자: 근데 선생님, 그런 생각이 들어요. 내가 잔소리를 하지 않으면 이 사람이 모를 것 같은 거예요. 그래서 내가 뭔가 알려 줘야 된다. 약간 그런 마음에 자꾸 이렇게 좀 했던 얘기를 꺼내고, 또 꺼내고 약간 그러는 것 같아요.

(중략)

상담자: 남편이 사랑 님의 잔소리를 들으면서… 그러니까 기분 나빠하던가요. 안 그러면 자연스럽게 삶의 과정으로 받아들이는가요.

내담자: 근데 잘 모르겠어요. 기분 나빠하면서도 또 받아들이는 것 같기도 한데 좀 답답해하는 것 같기도 하고, 갑갑해하는 것 같기도 하고, 주변 사람들이 저한테 하는 말이, 너한테 어디 아프다 그러면 자기는 종합병원이래요. 어디도 아프고, 저기도 아프고 이러니까 저는 혹시나 하는 상황을 생각해서 우리나라에 의료제도가 잘되어 있으니까, 보험도 잘되어 있고, 병원 가서 검진 받아서 괜찮으면 다행이고, 어디 아프다면 빨리 치료받고, 그게 좋지 않냐 이런 뜻

으로, 병원 가서 해 봐라, 뭐일 수도 있다 이렇게 얘기를 하는데, 사람들 입장에서는 제가 약간 유난 떤다, 그러니까 오버해서 얘기하는 것 같고, 그러니까 내가 너무 좀 그렇게 되나 싶기도 한데, 뭔가 듣는 것 같으면서도 갑갑해하면서도 모르겠어요. 그래도 받아들이니까 같이 살고 있지 않나 싶기도 하고요.

상담자: 그러면 내가 잔소리 했을 때 어때 하고 물어보지 그랬어요.

내담자: 그런 말을 한 번 한 적이 있었어요. 제가 물어봤거든요. 저도 답답해서 저도 화가 나잖아요. 잔소리를 하는데 지치더라고요. 그래서 내가 잔소리를 안 했으면 좋겠어, 이랬어요. 뭔가 알겠는데 내가 생각하는 기준과 본인이 생각하는 기준이 너무 달라서, 본인은 나 열심히 하고 그래도 나름 하고 있는데, 저는 계속 잔소리를 하니까 그냥 하기 싫다 이런 생각이 든대요. 그렇지만 자기는 나를 만나서 정말 많이, 이렇게 식습관이라든지 생활습관 이런 것도 많이 고쳤다고 해서, 그 얘기를 듣고 나서는 제가 많이 줄이려고 하고 있거든요. 좋은 것만 생각을 하고, 그러니까 저를 만나면서… 원래 헤비 스모커였는데 담배도 끊고, 술도 진짜 많이 먹었는데, 그래도 조금 줄이려고 눈치는 봐요. 그래도 눈치 보면 조금 줄여지잖아요. 그래서 그런 것들에 초점을 맞춰서 제가 좀 하다 보니까 조금 이해를 하긴 하는데, 제가 원하는 만큼 그게 안 되니까 저는 화가 나는 거죠. 저도 그

런 부분이 있겠지만 어쨌든 건강 쪽으로는 그래도 제가 이쪽으로 잔소리를 해도 되는 입장이라고 저는 생각을 하기 때문에 좀 그래요. 저희 아버지가 굉장히 자기 관리를, 제 생각에는 나름 많이 하시는 편이라고 생각을 해요. 그러다 보니까 남편을 보면 건강 쪽으로, 그러니까 이런 쪽으로 자기 관리를 못하는 것 같아서 너무 답답한 거예요. 저는 아빠한테는 그런 신경, 잔소리 같은 거 딱히 하지 않고, 보통 다 이 정도는 관리하지 않나 하고 생각을 했는데, 연애 때도 느끼긴 했지만 결혼을 하니까, 이 사람 이런 생활 패턴으로는 정말 나중에는 몸이 정말 안 좋아지겠다는 게 너무 눈에 보이니까 좀 걱정도 되고 그렇더라고요. 그런 부분이 다른 것 같아요.

상담자: 잔소리한다고 해서 다 바뀌어진다 하면 계속 잔소리하겠죠. 하지만 남편 입장에서도 이것까지는 안 돼, 하는 부분이 있을 거예요. 참다 참다 안 되면 한계점에 도달하면 올라오는 부분들, 아직 한계점까지 안 갔기 때문에 그렇게 잘… 지금 현 상태로 유지가 되는 것이 아닌가…. 가능하면 내가 보기에 부족해 보여도, 두 눈을 뜨고 보면 단점이 보이더라도, 관계의 원만함을 위해서, 정서 통장 쌓기를 위해서 한 눈 지그시 감아요. 그러니까 위험하다거나 피해를 줄 정도가 아니라면, 한 눈 지그시 감고 때에 따라서는 넘어가는 지혜도 필요해요.

내담자: 그래서 제가 이제 싸우기도 싫고….

상담자: 싸우기도 싫고.

내담자: 화가 나잖아요. 그래서 그래 좀 이거를 내가 10번 말할 것을 9번 참아 보자 하는 생각으로 했거든요. 근데 어느 순간 이러다가 내가 무관심해지는 거 아닌가 그런 생각이 들더라고요. 선생님, 그러니까 잔소리를 하지 않는 거, 약간 그런 생각이 들었어요. 저는 그래서 약간 어떤 말씀이신지 알면서도 제가 이렇게 막상 잔소리도 안 하고, 약간 그 사람의 그냥 있는 그대로를, 뭔가 나름 존중해 주려고 했는데 그러다 보니까 뭔가 내가 이 사람한테 무관심하다는 생각이 좀 들 때도 있더라고요.

상담자: 이렇게 무관심해지는 건가 하는 느낌….

내담자: 네, 그랬어요.

상담자: 무관심은 말 그대로, 그러니까 그림자 취급하는 거예요.

내담자: 그런 건 아닌데요.

상담자: 그러니까 무관심이 어느 정도 수준이냐면, 부부 갈등을 서로 표현하면서, 어떤 부부들은 치고받고, 싸우고, 거친 욕을 하고, 그 단계만 해도 양가감정이 남아 있는 상태예요. 그런데 그 단계를 넘어서게 되면 이제 포기 상태가 와요. 포기를 한 상태에서 침묵을 하게 되고, 그다음에 무관심해져 버려서 옆에서 어떠한 행동을 해도 없는 사람 취급하고, 그게 무관심 단계예요. 이혼으로 가는 막바지 단계라

는 거예요.

내담자: 그런 건 아닌데 그런 느낌이 들어요. 내가 얘기해 봤자 어차
피 안 변하는데 하는, 그래서 굳이, 그래 얘기하지 말고 본
인도 알아서 조절하겠지, 약간 이런 느낌으로, 좀 어떻게
보면 상대를, 그러니까 이해를 해 준다고는 하지만 그 사람
에 대한 기대를 낮추는 것 같은 느낌, 제 스스로 근데 사
실 저는 막 잔소리하고, 막 그러는 게 이 사람이랑 건강하
게 같이 오래오래 행복하게 살고 싶어서 하는 잔소리인데,
그걸 이제 안 해야 된다고 약간 제가 생각을 하고, 막 하다
보니까, 그래 뭐 약간 뭐라 해야 될까, 그 사람에 대한 약간
기대를 낮추고 근데 그 기대를 낮추는 게 애정이 없다고 느
껴질 때가 있어요. 싫어하는 건 아니거든요. 근데 내가 그
잔소리를 하지 않으려면 기대도 낮추고, 애정을 조금 덜 가
져야 이 사람에 대한 뭔가 잔소리를 덜 하는 것 같은 느낌
도 들어요.

상담자: 다시 말하자면 사랑 님이 아는 방법 내에서 사랑도 하고,
애정도 주고, 그런다는 이야기예요. 사랑 님이 나름대로 내
가 좋으니까 이거는 해야 돼.

내담자: 맞아요.

(후략)

부부는 특유의 대화 형식을 갖는다. 부부 상호 간의 대화 형식은 은유적일

수도 있고 암시적일 수도 있다. 건강한 부부의 대화는 직설적이며 공개적이고 민주적이다. 그러나 건강하지 못한 부부의 의사소통 형식은 비공개적이고 암시적이며 회유적이다. 부부의 대화 형식은 의식의 세계에서 결정하는 것이 아니고 무의식의 작용에 의해 결정되기 때문에 의식이 이를 알지 못한다. 그렇기 때문에 잘하려고 하는 대화가 왜곡되기도 하고 왜곡하려는 의도에서 출발한 대화가 왜곡을 피해 가는 경우도 있다(임향빈, 2023: 36).

내담자는 자신이 설정한 마음의 창으로 배우자를 바라보고 이끌어 가려고 한다. 때에 따라서는 거부 반응도 나타나지만 배우자는 내담자와의 관계를 위해서 삶의 일부로 받아들이는 것 같다. 따라서 내담자의 건강한 대화를 위하여 조력하였으며, 과제를 부여하였다. 건강한 가정을 지켜나가기 위해서는 부부가 함께 같은 방향을 보고, 배우자의 밝은 부분과 어두운 부분까지 포용해야 한다. 이와 함께 정서 통장을 지속적으로 쌓아 나가야 한다.

[제8회기]

인간은 사회화 과정을 겪으면서 자연스럽게 분노를 조절하는 방법을 터득하게 된다. 그러나 표출하는 방식은 나이, 성별, 환경, 상황, 문화적 배경 등에 따라 강하고 거친 방식으로 또는 세련된 방식으로도 나타날 수 있다. 분노는 보편적인 인간의 감정이기는 하지만 이를 조절하지 못하고 분노를 수시로 표출하는 사람은 돌이킬 수 없고 감당하기 힘든 실수를 저지르게 될 가능성이 높다. 이처럼 조절되지 않는 분노는 자신의 건강과 가족 구성원, 사회에 피해를 끼친다(임향빈, 2018: 103).

(전략)

내담자: 좀 심해진 게 이제 시부모랑 싸우고 재작년인가 작년인가 이렇게 싸우고 약간 좀 많이 힘들었거든요. 그러면서 내가 이제부터는 화나는 것을 다 표현해야겠다 하는, 좀 반감이 들면서 나 이렇게 힘들었고 이런 부분에서 너한테 화도 났고 이제 화낼 거야, 너도 기분 나쁘고 하면 우리 그냥 이혼하자. 약간 이런 마음으로 그냥 그때 좀 화가 심했었던 것 같아요. 그때 이후에 그래서 괜찮다가도 뭔가 화가 나면 옛날에 비해서는 그냥 좀 덜 참고요. 좀 이렇게 화를 냈고 그리고 또 반면에 옛날에는 잔소리하던 것을 그래도 좀 많이 이해를 할 때도 있어요. 근데 그 이해가 안 되면 대신에 화가 이제 확 치고 올라와요. 그전보다 더 심하게.

상담자: 그러면 화가 치고 올라오는 것이 어렸을 때도 그랬나요.

내담자: 안 그랬던 것 같아요.

상담자: 어렸을 땐 안 그랬던 것 같아요?

내담자: 네, 좀 많이 참고요. 많이 참고 좀 그냥 좋게 생각하려고 그냥 넘겼던 것 같아요. 그렇게만 계속 살았던 것 같아요.

상담자: 억압을 하고 있었네요.

내담자: 네, 억압…. 근데 저희 아빠가 저한테 좀 많이 욱욱 하셨거든요. 그냥 뭔가 종잡을 수 없이, 되게 그냥 평온하고 나긋나긋하게 얘기를 하시거든요. 근데 갑자기 뭔가가 제가 뭔가 본인 기준에 마음에 안 들면 그걸 좋게, 이렇게 얘기를

하거나 알려주면 되는데, 갑자기 화를 탁 내시는 거예요. 그때 좀 약간 놀라고 좀 긴장되고 불안하고 그런 게 좀 있었어요. 그때는 그래도 이렇게 뭔가 화를 이렇게 내지 않았거든요. 근데 뭔가 화가 많아졌다 하는 것은 그때 시댁이랑 싸우고, 남편이랑 결혼 관계를 못 하겠다는 생각이 들고 나를 좀 챙겨야겠다 하는 다짐이 생기면서 그 뭔가 다짐을 약간 화로 좀 내보내는 것 같기도 하고, 제가 제 생각이랑 감정을 얘기해야 되는데 그거를 화로 상대한테 표현을 하는 것 같아요. 강하게 그랬어요.

상담자: 그렇죠. 그러니까 우선 그 화가 왜 올라오나, 그러니까 화가 내 안에 잠재되어 있기 때문에 화를 표출하는 거예요.

(중략)

상담자: 상담을 통해서 사랑 님이 나름대로 지금까지 쭉 살아오면서 그전에는 그렇게까지 심각하지 않았는데, 화나 분노가 결혼 이후부터 생기기 시작했다고 했어요. 사랑 님이 지금 그 화와 분노가 올라왔을 때 지금 표출하는 것과, 처음 올라왔을 때 표출하는 것은 좀 달라졌을 거예요. 따라서 사랑 님이 화와 분노를 좀 더 적절히 잘 다스리면 큰 무리 없이 지낼 수가 있어요. 그러나 화와 분노가 올라왔을 때 이것을 잘못 표출하게 되면 굉장히 어려운 상황으로 갈 수가 있다는 거예요.

내담자: 그때, 진짜 힘들었어요. 그래서 술도 많이 먹고요.

상담자: 술도 많이 먹었어요.

내담자: 취하는 건 아닌데, 입으로 뭔가 먹는 거 있잖아요. 계속 그냥 먹는 거….

상담자: 스트레스가 쌓이기 때문에 계속….

내담자: 네, 퇴근하고 근데 또 반면에 먹지 않잖아요, 그러면 가만히 있으면 분노를 참을 수가 없는 거예요. 제가 막 정말 막 부르르 뭔가 떨리고 그러는 거예요. 막 눈물이 난다든지, 소리 지르고 싶다는 충동, 근데 막 때린다 이런 건 아닌데요. 그냥 막 뭔가 제 자신이 용서가 안 되는 거예요. 제가 너무 바보같이 산 것 같은 거예요. 그래서 그러니까 저한테 그냥 화가 나 가지고 그거를 막 어떻게 표현을 못 하겠더라고요. 그래서 했던 게 운동이었어요. 진짜 몸을 일부러 힘들게 만들고, 지금 생각해 보면 그냥 약간 자학같이, 그러니까 운동이라고 말을 해서 뭔가 건강에 좋고 이렇게, 이렇게 들리긴 하지만, 아침에 5시 몇 분에 일어나서 새벽 수영을 갔어요. 잠도 제대로 못 자 가지고 그래서 새벽 수영을 가면, 그래 내가 잠이 좀 오겠지 해서 처음에 이제 새벽 수영을 일부러 아침에 했어요. 그리고 출근을 할 때 걸어서 직장까지 가는 거예요. 일부러 몸을 힘들게 하고 싶어서, 그렇게 직장에서 일을 하잖아요. 돌아올 때 또 퇴근할 때 걸어서 퇴근을 해요. 그리고 배드민턴이라고 제가 원래 그런 운동은 잘 안 하는데, 뭘 해야 되겠더라고요. 그래서 어

떻게 연수할 기회가 생겨 가지고 배드민턴, 배드민턴을 한 번 해 보자. 집중도 잘 되고 시간도 잘 가던데, 그동안은 내가 좀 덜 힘드니까 마음이, 그걸 해야겠다. 그게 떠올라서 이제 배드민턴을 했어요. 한 2시간 그리고 밤에 돌아오잖아요. 그러면 한 10시, 11시 되는데, 정말 막 뭐라 해야 되지, 진짜 몸이 막 녹초가 돼요. 그래서 그거를 의도하려고 제가 그렇게 낮에 했던 거예요. 왜냐하면 그래야 조금 분노가 조금 힘드니까, 조금 이렇게 살짝 떨어지는 느낌이랄까, 그래서 그것을 거의 한 1년 정도 했는데, 그러니까 그런데 시댁 얘기나 제 남편 얘기가 나오거나 하면 제가 막 분노랑, 눈물이랑 이런 게 멈추질 않아서, 주변에서 제가 너무 이렇게, 네가 이렇게까지 했는데도 감정이 똑같아 보여서 병원에 가서 좀 도움을 받아라…. 그래서 저도 힘들어서 병원에 가게 되었고요. 지금은 굉장히 많이 그래도 좀 이렇게 안정됐다고 생각은 해요. 그러다 보니까 내가 그때 했던 것들이 자학같이 느껴지고 내가 좀 그때 진짜 힘들었구나, 심했구나, 하는 것을 조금 그러니까, 내가 편해지니까 그게 좀 보이더라고요. 하여튼 그래서 술도 많이 먹고, 먹을 걸 많이 먹었는데, 생각보다 살이 안 쪘는데 그 이유가 그렇게 또 움직이니까 제 생각은 그래요. 제가 살이 잘 찌는 체질인데, 맨날 배달 음식도 막 많이 먹고 퇴근하면 운동 안 하게 되면, 그 낙이 마시는 거, 맥주 마시고 그 낙으로 그냥 또 살았거든요. 그래서 그렇게 많이 갑자기 먹고, 그렇게 힘들게 운동하고, 그걸 계속하다가 이렇게 했는데, 그때로 다시 돌아가고 싶지 않아서 이렇게 분노 조절이라든지 그런 걸 잘해 보고 싶다는 생각은 들어요. 힘들었거든요. 그때….

상담자: 1년 동안이나 그런 세월을 보냈다고 하면 얼마나 힘들었어요.

내담자: 맞아요. 잠도 못 자고.

상담자: 자학을 했다는데 사랑 님이 몰입할 거리가 필요로 했던 거예요.

내담자: 맞아요.

상담자: 그래야지 신경을 좀 덜 쓰지, 화와 분노가 올라오는 것을….

내담자: 네, 맞아요.

상담자: 남편과의 관계도 많이 힘들어졌겠네요.

내담자: 네, 정말 그냥 많이 싸우는 것을 넘어서 저한테 말 거는 것도 싫고요. 쳐다보는 것도 싫고, 제 뒤에 지나가는 것도 싫고, 그냥 다 싫던데요. 남편이 잘하겠다고 해도 그냥 싫던데요.

상담자: 그냥 다 싫었어요…. 기대 수치에 못 미쳐서, 기대했던 부분에 충족이 안 되니까 이제는 기대 욕구가, 그러니까 화와 분노로 올라오는 거예요. 그 단계를 넘어서게 되면, 이제

포기 상태가 되고 그림자로 취급하고 그렇게 되는데, 그래도 지금 그 단계까지는 안 갔기 때문에 그나마 지금 이 상태가 유지되고 있는 것이 아닌가, 그렇게 생각해요. 요즘도 병원 다니고 있나요.

내담자: 네, 다니고 있어요.

상담자: 병원에서는 뭐라 그래요.

내담자: 이렇게 그때 미해결된 과제 얘기하셨잖아요. 근데 그 얘기를 이렇게 하시더라고요. 그게 저희 아빠랑 있었던 일들, 그런 것들 그냥 얘기를 하는데, 그래서 그냥 제 자신을 좀 다독거려 주고, 많이 사랑해 주라는 그런 얘기를, 그냥 듣는 것 같아요. 어렸을 때부터 엄마 돌아가신 거, 이런 것들이 다 힘들었는데 그냥 성격상 아니면, 뭐 가족 분위기상 그런 애도의 과정이 제대로 되지 않았고 그러다 보니까, 그런 슬픔이라든지 그런 것을 좀 다스리고 하는 그런 걸 잘 모르는 것 같고, 근데 그런 게 어쨌든 뭐든 되려면 나를 좀 다독거려 주고 뭔가 사랑해 주는 게 필요하다. 그렇게 얘기를 하더라고요.

상담자: 그렇죠. 내 자아존중감을 끌어올리는 거예요.

내담자: 진료를 받고 나서 제가 많이 나아졌다고 생각을 했거든요. 아까 얘기했듯이 이런 운동 같은 것도 그때보다는 좀 덜하고, 술도 거의 안 먹거든요. 그리고 잠도 처음에는 수면제 먹으면서 이렇게 패턴 조절하다가, 저는 수면제 먹는 걸

굉장히 안 좋게 생각했는데, 약을 먹어서라도 내 정상 패턴을 지키는 게 치료의 제일 기본이라 하더라고요. 그래서 그냥 그렇구나 하고 몇 달간 약을 먹고, 그 패턴에 맞춰서 지금은 수면제는 안 먹거든요. 근데, 그래서 그냥 나 이제 많이 나았다고 생각을 했어요. 근데 어떤 얘기를 하다가 그 주치 선생님이 그냥 그동안 잘해 왔잖아요. 이번에도 잘할 거예요. 뭐 왜 이렇게, 뭐 자신이 없어요. 잘할 겁니다. 그냥 이렇게 얘기를 하고 진료를 마무리하려고 했는데, 제가 눈물이 나더라고요. 그래서 그때 느꼈죠. 그냥 나 이렇게 괜찮아졌다고 생각하고 진료에 갔는데 그 얘기를 듣고 그냥 눈물이 나니까, 내가 아직 그냥 이렇게 뭔가 마음이 다 회복된 건 아니구나, 그냥 그런 생각이 들었어요. 그리고 지금도 또 그런 생각이 들어요. 내가 힘들었던 얘기를 선생님한테 방금 했는데 그냥 그때를 생각하니까 또 조금 북받쳐 올라요(눈물을 흘린다). 그래서 아직 좀 더 시간이 생각보다 필요하구나, 그런 생각도 드네요.

내담자는 감정의 통제가 안 되어 고통에 처하였을 때의 상황에 대하여 이야기하면서, 그때 그 상황이 떠올라 감정에 북받쳐 눈물을 흘렸다. 마음의 고통에서 벗어나고자 노력을 하였으나 점차 자학하는 수준에 이르게 되었고, 심리적, 정서적, 정신적으로 어려운 상황에 처하게 되었다. 이를 해소하고자 정신과 치료를 받게 되었고, 우울증 약을 복용하였다. 약물로 인하여 심리적인 안정과 일상생활에는 도움이 되고 있으나 마음의 병이 치유되지 않고 있음을 알게 되었다.

상담자: 그렇죠. 사람은 살아오면서 칭찬만 받고 자랄 수가 없잖아요. 특히 어린 시절 성장 과정에 있어서 때에 따라서는 야단도 맞고 칭찬도 받으면서 그러면서 그런 것들이 통합돼서 하나의 인격체인 내가 형성되는 거예요. 살아오면서 원치 않는 트라우마나 미해결과제 그런 것들을 경험을 하게 되면… 크고, 작은 상처들을 경험하면서 성장하잖아요. 한번 경험한 것들은 그냥 사라지는 게 아니고 무의식에 차곡차곡 가라앉아 있다가 연상 상황, 연상 기억에 의해서 의식으로 올라와요. 즐거운 기억이 올라오면 삶이 즐겁지만, 크고 작은 마음의 상처, 어두운 그림자들이 올라오면 괴로워요. 그런데 이런 것들이 주기적으로 계속 올라온단 말이에요. 그러면 삶의 질이 낮아질 수밖에 없어요. 결국은 이런 일들이 해결되어 더 이상 내 삶에 부정적인 영향을 미치지 못하도록 둔감화시켜야 된다는 이야기예요.

(후략)

외부의 압력에 의해 트라우마를 겪게 되면 신체화 증상으로 나타나기도 한다. 신체화 증상이란 심리적 갈등이 감각기관, 수의근계(인간 유기체의 팔이나 다리, 손가락, 발가락 등의 신체 감각기관)를 제외한 기타 신체 부위의 증상으로 표출되는 것이다. 한국인들에게서 나타나는 화병이 그 예일 것이다. 화병은 억울한 일을 당했거나 한스런 일을 겪으며 쌓인 화를 삭이지 못해 생긴 마음의 질병이다.

화병의 증상으로는 주로 가슴이 답답하고 숨이 막힐 듯하며, 뛰쳐나가고 싶고, 뜨거운 뭉치가 뱃속에서 치밀어 올라오는 증세와 불안, 절망, 우울, 분노가 함께 일어난다. 지속적으로 스트레스를 받는 상황에 처하게 되면 신체화 증상을 수반하며, 이는 정동장애(우울, 조울증), 화병, 두통, 공황장애, 가슴에 팽이가 도는 것 같은 심한 통증, 어깨에 돌덩이가 내리누르는 증상 등 다양하게 나타난다(임향빈, 2023: 128-129).

내담자는 어려운 일이 생겼을 때 건강한 대처보다는 억압하다가 한계점에 이르면 화와 분노, 자학으로 표출하고 있었다. 관계 속에 갈등이 생겼을 때 다름과 차이를 인정하고, 요구할 것은 요구하고, 수용할 것은 수용하는 등 건강하게 대처하여야 하는데, 미성숙하게 대처하여 스스로 틀에 갇히어 옥죄고 있다. 이는 원가족 내에서 해결하지 못한 미숙함이 항상성에 의해 반복하고 있으며, 미해결과제가 결혼생활에 영향을 미치고 있다. 따라서 대인 관계의 재정립과 고착된 심적 에너지의 해방, 현실적이고 수용적인 태도를 함양하고 자신이 만든 틀에서 벗어나 건강한 삶을 살아가도록 해야 한다.

[제9회기]

부부는 각자의 독자성을 손상시키지 않으면서 부부로서의 일체감을 느낄 수 있어야 하며, 동시에 명확한 경계를 만들어야 한다. 이와 함께 각자의 원가족과 배우자의 관계에서는 적절한 균형을 유지하는 것이 중요하다. 각자의 원가족은 결혼하여 독립한 자녀에 대해서 독립성을 존중하며, 적절한 거리를 유지하도록 재설정하여야 한다. 이 시기에 나타나는 갈등은 이전에 해결되지 않은 미해결과제들이 결혼생활에까지 영향을 미치게 된다. 즉, 상대를 배려하지 않고 자신의 요구를 주장하기에 나타나게 되는 것으로, 배우자가 기대하는 욕구를 수용하는 방법을 모를 뿐 아니라, 서로 간에 적절한 경계를 설정하기 어려우며, 이는 원가족에서 해결하지 못한 미숙함이 항상성에 의해 반복하고 있는 것이다(임향빈, 2023: 45).

(전략)

내담자: 근데 선생님, 저는 그런 생각이 들어요. 왜 내가, 왜 나도 사회생활 하는데, 가정주부는 둘이 아닐까요. 가장도 2명, 저희 집 가정주부도 그래서 2명, 약간 그런 생각이 들어서…. 요리를 한다, 이게 약간 주부라는 게, 내 몫이라는 생각이 그렇게 와닿지가 않아요. 사실….

상담자: 그렇죠.

내담자: 네, 이게 좀 어렸을 때도 어쨌든 엄마가 안 계시니까, 저는 제가 스스로 이렇게 요리를 데워 먹는다든지 그런 게 있었거든요. 근데 사실 그때도 친구들이 보면, 손 야무진 애들은 요리도 좀 하고 이러는데 저는 그런 성향도 아니고, 아빠가 해 주신 거를 항상 그냥 데워 먹는 이런 스타일이었어요. 그리고 또 저는 또 아빠가 그렇게 남자지만 어쨌든 주방에 있는 모습을 많이 보고 그러다 보니까 약간… 결혼하

고 연애 때도 그렇고 결혼해서도 이게 뭐라 해야 되지, 특히 또 제가 돈을 벌고, 사회생활을 하고 있으니까, 이거는 내가 당연히 뭔가 내 몫만이 아니라 주부도 반 나눠야 되고, 이렇게 가장도 우리는, 우리 집에 반 나눠져 있고, 약간 그런 느낌이라서 뭔가 그래서 요리에 대한 그런 약간, 이게 처음에 없던 그런 습관이 생기려면, 사실 살짝 제가 의무감… 약간의 스트레스 이런 게 있어야 시작을 하게 되고, 유지를 하게 된다고 생각을 하거든요.

상담자: 그거를 한 번, 두 번 몸이 먼저 반응하도록 그렇게 해 봐요. 그러면 퇴근하면 오늘 뭐 먹지 하면서 슈퍼나 그런 곳에 들러서 그날 먹을 걸 사 간다든지, 오늘은 고기를 먹어 볼까 하면서 고기를 사 간다든지, 그렇게 하고 가능하면 한 번 먹은 것은, 국 같은 건 가능하면 그다음 밥상에 또 올리지 말고요. 가능하면….

내담자: 너무 힘들어요.

상담자: 힘들죠. 하지만 밥을 하는 대신 남편에게 또 할 일이, 다른 집안일 뭐, 여러 가지 많잖아요. 분담해 가지고 남편이 할 일이 있고 그리고 주방만큼은 가능하면 사랑 님의 자리로 생각을 하고 그리고 또 특별한 요리, 수육이나 이런 거, 만들 때 힘들고 손이 많이 가잖아요. 그런 것들은 남편보고 하라고 하고 그렇게 평상시에 잘하는 건 내가 하고, 특별 요리 같은 거, 그리고 삼겹살을 구워 먹는다 그러면 불판

에다가 굽는 거, 남편 보고 구우라 그러고, 자르라 그러고 나는 먹어 주고….

내담자: 네, 그렇게…. 그러고 보니까, 저 그거 샐러드 만들었는데 요리라고 하기에는 좀 그러네요.

상담자: 그런 것도 괜찮아요. 그런 것부터 시작하는, 몸이 먼저 반응하도록, 국은… 계속 데워 먹는 거 아니에요. 성의가 없어요. 시간을 내서… 내가 집에 가면 몇 시간을 내서 해야 되겠다. 다른 거 아무리 바쁘더라도 우선순위로 배정을 하는 거예요. 그래서 그거를 남편과 관계가 돈독해지는 정서 통장을 쌓는 거예요. 그래서 그런 걸 잘 활용을 하고…. 남편 이야기가 나왔으니까 그러는데, 지금은 한 방 쓰고 있나요.

내담자: 네.

상담자: 잘했네요.

내담자: 일단은 사실 각방 쓰는 주 원인이 남편 코골이가 너무 심해서였거든요. 근데 남편이 살을 빼면서 확실히 많이 좋아졌어요. 그래서 수면에도 지장이 없어서 일단은 각방 말고, 같이 자는 걸 유지는 하고 있어요.

상담자: 코골이가 심하면 이비인후과에 가서 고치면 돼요.

내담자: 근데 거기 가도, 뭐 어떻게 보면 다 살을 빼야 되는 건데, 그걸 본인이 모르는 사람이 아닌데, 살 빼면 오빠, 조금만 나아지면 우리 이렇게 같이 자자, 그랬던 세월이 벌써 몇 년이

됐더라고요.

상담자: 그렇죠.

내담자: 그래서 어쨌든 이번에 재검진 때문에 본인도 좀 그 살에 대한 생각이….

상담자: 그렇죠.

내담자: 요즘에는 어쨌든 많이 좋아져 가지고 현재는 같이 잘 자고 있어요.

상담자: 지금만 잘 자는 게 아니고 앞으로도 계속 잘 자야죠.

내담자: 맞아요. 근데 다시 코 골면 같은 방보다 따로 자고 싶어요. 남편 코골이가 다시 심해진다면 같이 잘 자신이 없어요.

(중략)

모든 사람은 어린 시절 가족 성원에게 가졌던 태도를 다른 사람에게 되풀이하는 경향이 있다. 또한 그는 자신을 가족 성원과 동일시하고 아동기 때 그에게 일어났던 일이 다른 사람, 흔히 배우자나 자녀들에게서 다시 일어나도록 만드는 경향이 있다(이근후 외 역, 1992: 19).

내담자는 친정아버지의 모습을 보면서 훈습화 과정을 거쳤으며, 결혼 후 남편을 대하는 태도에 영향을 미친 것 같다. 어머니가 일찍 돌아가신 관계로 아버지는 내담자와 동생들을 위하여 주방에서 밥과 반찬을 만드는 등 시간을 많이 보내는 모습을 보며 성장하였다. 내담자는 자신의 행동을 합리화시키고, 배우자가 맞추어 주기를 바라고 있으나 현실은 생각한 대로 이루어지지 않고 갈등의 요소가 되어 부정적 상황으로 표출되었다.

상담자: 다음 시간이 이제 마지막 시간이에요. 궁금한 거 있으면 그 날그날 따로 적어놔요. 그래서 상담 때 가지고 와서 다 물어봐요.

내담자: 네, 다음 시간이 마지막 시간이니까…. 알겠습니다.

상담자: 그럼 과제를 내 드릴게요. 나는 누구인가, 왜 사느냐고 묻는다면, 행복이란, 이 세 가지 더 추가할게요. 이건 주관적 질문이에요. 객관적 답이 없어요. 따라서 다음 주에 올 때까지 생각하다가 와서 이야기하면 돼요. 사람은 누구나 다 행복하게 살기를 원할 거예요. 어쩌면은 선생님에게 가장 적절한 마지막 과제일지 몰라요.

내담자: 알겠습니다.

상담자: 조금씩, 조금씩 늘어나서 과제가 10가지가 넘네요.

내담자: 칭찬하기도 처음에는 좀 어색해 가지고, 그때 제가 질문으로 어떻게 칭찬해야 되냐고 그랬는데, 그냥 그런 거 안 따지고, 좋은 말 많이 해 주기, 이렇게 가볍게 생각하니까 그냥 계속 그래도 좀 자연스럽게 나오더라고요. 그래서 좋은 숙제네요.

상담자: 사랑 님이 좋다고 하면 좋은 거 혼자만 하지 말고 주변 사람에게 나눠요. 그럼 더 좋아져요.

(후략)

과제부여는 내담자의 긍정적 변화와 치유를 위하여 직면, 둔감화, 자각, 통찰 등과 같이 상담에서 중요한 부분을 차지한다. 상담자가 제시한 과제는 내담자의 동의하에 문제 해결을 위한 구체적인 행동 과제를 정하고 내담자로 하여금 과제를 수행하게 한다. 내담자는 상담실 밖에서 상담자가 제시한 과제를 이행하게 되며, 이로써 상담이 말로 끝나지 않고 행동으로 이어지게 되는 것을 예측할 수 있다(임향빈, 2021: 93).

내담자는 매 회기 실생활에서 과제를 수행하면서 긍정적으로 변화하는 모습을 체감하였다. 과제를 수행하면서 내담자는 심리적 안정을 찾고, 표정이 밝아졌으며, 학습한 것을 강화시키고 있었다. 또한 긍정적 사고를 통하여 배우자와의 관계도 좋아지고 있었다.

[제10회기]

자아존중감은 자기 자신을 소중하게 생각하게 하며 긍정적, 낙관적, 미래지향적인 사고를 갖게 한다. 자아존중감이 높은 사람은 당면 과제나 다가오는 일 또는 상황에 대해 긍정적으로 대처하며, 원하는 대로 이루어지지 않았더라도 좌절하지 않으며 어려운 상황에서 회복력이 빠르다. 타인과 비교하지 않고, 피해의식이 상대적으로 적으며, 삶의 만족도가 높다. 이러한 자아존중감의 형성은 어린 시절 성장 과정에서 양육자의 양육 방식으로부터 훈습을 거쳐 배양된다. 따라서 자아존중감이 높은 사람은 자연스럽게 자기효능감 역시 높게 될 것이다(임향빈, 2023: 189).

(전략)

상담자: 지난 상담 이후 남편과의 관계는 좀 어때요.

내담자: 좋은 것… 좋은 것 같아요.

상담자: 좋아요. 다행이네요. 그러면 말 나온 김에 과제 확인을 좀 하도록 할게요. 남편 칭찬은 계속 잘하나요. 칭찬했더니 좀 어때요.

내담자: 일단 덜 어색하고요. 그리고 덜 어색하니까 덜 부담돼요. 약간 좀 의도적으로 해야 되는데 뭘 하지, 이런 게 좀 없어 져서 편해요. 편하고 그리고 뭔가 화기애애한 분위기….

상담자: 예, 예.

내담자: 그냥 전체적인 분위기가 뭔가 좀 이렇게 따뜻해진 것 같은 느낌, 그러니까 저도 어쨌든 칭찬을 할 때 화를 내면서 칭 찬하진 않잖아요. 그러다 보니까 분위기가 그래도 따뜻해 지는 분위기…. 그랬던 것 같아요.

상담자: 남편을 위해서 반찬 한 가지 이상 만들기 해 봤나요.

내담자: 네, 고기 구워 주기랑….

상담자: 잘하셨네요.

내담자: 근데 뭐, 나물 무치고 이런 거는 못 했어요.

상담자: 그래도 하루에 한 가지는 하려고 노력을 했다. 남편은 뭐라 그래요.

내담자: 그냥 고기 구우면 내가 고기 구웠어, 이러면 잘 구웠네. 뭐 이 정도, 그냥 맛있어 이러면, 워낙에 고기는 좋아해서 사 실 뭐 맛없다는 말은 안 하겠지 하는 생각은 했지만, 그냥 뭐 그 정도….

상담자: 그러면 이거 맛있냐고 물어봤어요?

내담자: 네, 근데 그게 좀 맛있어, 이렇게 뭔가 좀 잘 안 되더라고요. 그러니까 제가 생각해도 확실히 이렇게 제가 정성이랑 뭔가 시간이 이렇게 많이 투자가 되면 맛 어땠어, 이랬을 것 같은데 어떻게 보면 고기 굽는 게 간이 필요한 것도 아니고 사실 그냥 잘 구우면 되는 거잖아요. 그러다 보니까 맛이 어땠어, 이런 말이 안 나왔던 것 같아요. 좀 그런 것 같아요.

상담자: 고기를 어디다가 구웠어요?

내담자: 프라이팬이요. 프라이팬, 전자, 아니 주방에 가스레인지에다가….

상담자: 주방에서 하지 말고 이동식 인덕션을 식탁에다 놓고, 고기 갖다 놓으면 자연스럽게 남편이 굽도록 하고, 그리고 다른 국이나 찌개 그런 거는 주방에서 하는 거고, 그러면서 자연스럽게 한번 하게 되면 계속하도록 하고, 고기 구우면 으레 남편이 이동용 인덕션 준비하고, 고기 구울 수 있도록 그리고 국이나 찌개, 반찬을 새로운 걸 만들면 맛있지, 맛있어, 물어보고, 그렇게 해서 맛있다는 말이 나오도록 유도하는 거예요. 사소한 것 같지만 정서 통장에 정서를 하나하나 차곡차곡 쌓아나가는 거예요.

내담자: 근데 제가 선생님 얘기 들으면서 느끼는 게, 뭐라고 해야 되지, 사람과 사람 간에 뭔가 좋은 감정 그리고 정서 통장 같

은 거를 쌓으려면, 이게 귀찮은 것도 많이 이겨내야 되고, 그러니까 마음으로도 내가 굉장히 부지런해야겠구나 그런 생각이 많이 들어요. 왜냐면 고기 굽는 것도 사실 남편이 그렇게 먹고 싶어 하는데, 제가 일거리가 그러면 많아지잖아요. 저는 그게 싫어 가지고 사실 그렇게 안 하거든요. 근데 이제 그렇게 하면 좋아할 것 같아요.

상담자: 그렇죠.

내담자: 저는 치울 거가 먼저 떠오르니까 그냥 뭐 그렇게 먹어, 그냥 프라이팬 여기 그냥 하고, 왜냐면 프라이팬, 가스레인지에 하면 딱 거기만 정리를 하면 되잖아요. 그래서 그냥 그게 간편하고, 그냥 이렇게 깔끔하다고 생각을 했는데, 좀 그런 기회도 어쨌든 좀 이렇게 만들어야겠네요.

상담자: 그래서 함께할 수 있도록, 치우는 것도 함께 치우고…. 그래서 귀찮다 하는 것은 그만큼 남편을 덜 사랑한다는 의미이고, 사랑하는 사람을 위해서 연애 감정으로 돌아가서 하나하나 할 때마다 남편이 즐거워하면 그 즐거움을 내 즐거움으로 생각하고, 다시 말하자면 남편 역시 사랑 님을 위해서 무언가 하면서 즐거움을 찾을 수 있도록 배려를 하면서 그건 사랑 님이 어떻게 정서 통장 관리를 하느냐에 따라 달라집니다. 그걸 지속적으로 노력을 한번 해 봐요. 가정의 정서 관리자는 아내예요. 그리고 20분 이상 햇볕 쐬기는….

내담자: 예, 했습니다. 평소보다 물 더 마시기도 했습니다.

상담자: 산책은 하고 있나요.

내담자: 네.

상담자: '덕분에', '때문에'를 주변 사람들이 쓰는 거 관찰해 봤나요.

내담자: 네, 근데 생각보다 사람들이 두 단어를 많이 안 쓰는 것 같아요. 어른들에게는 많이 못 느꼈던 것 같아요. 근데 저는 '덕분에'를 많이 쓰려고 하고 있습니다.

상담자: 그렇죠.

내담자: 칭찬할 때 이거를 좀 많이 넣으려고 해요.

상담자: 그렇죠. 그리고 항상 길을 가다가 돌부리를 만나면, 부정적인 사람은 걸림돌로 생각하지만 긍정적인 사람은 디딤돌로 생각해요.

(중략)

상담자: 그리고 아이 계획은 어떻게 좀 생각하고 있나요.

내담자: 일단은 그냥 자연스럽게 관계 가지면서 그렇게 일단 시작해 보자, 그냥 이 정도만 했어요. 언제 꼭 가지자고는 안 하고요. 일단은 저도 그렇고 남편도 그렇고, 취업이랑, 그러니까 남편이 12월에 새 직장에 들어가거든요. 그래서 아기에 대해서 사실 막 그렇게 급하게 지금은 생각은 안 들어가지고, 일단은 원래는 제가 아기 생각이 있으면 바로 병원 가 보려고 그랬거든요. 지난번에 난임 검사했을 때 그냥 둘

다 괜찮다고 했어요. 그래서 또 검사도 하고 그런 게 있어서 그런지, 그냥 너무 조바심 갖지 말고 일단 우리가 지금 당장 이야기해야 돼, 서로 그런 상황은 아니니까 그냥 자연스럽게 관계 가지면서 노력을 일단 해 보고, 그래도 안 되면 그때 상황 보고 인공을 한다든지, 시험관을 한다든지 그렇게 하자, 이렇게 그냥 말을 하고는 더 얘기하지는 않았어요.

상담자: 우선 남편의 취업 축하드립니다.

내담자: 감사합니다.

상담자: 그렇죠. 그러면 자연스럽게 아이를 가질 수 있도록 우선 분위기 조성이 돼야 해요. 마음이 좀 편안하고 스트레스 받는 것을, 요인들을 줄이고, 그리고 집이 편안한 곳이라는 것을, 그러니까 서로가 인지할 수 있도록 그렇게 노력을 하면 아이는 자연스럽게 생기게 돼요. 그리고 지금 아이를 갖게 되면 그러니까 그동안 어려운 점들이 많이 해소가 될 거예요. 부부 관계에서도 그렇고 그리고 아이 태어나면서부터 지혜롭게 대처하지 못하는 사람들은 더 악화되는 경우가 있어요. 그런 상황이 되면 빨리 상담을 받으시면 되고 그래서 지금도 결코 빠르지가 않아요. 나이 대로 봤을 때 가능하면 일 년 내에 부지런히 노력을 해 보고, 안 됐을 때는 원인 분석을 해 보고 거기에 맞게 대처를 하면은 좋지 않을까 그리고 남편분도 취업을 한다 하고, 사랑 님도 안정

적인 환경이니까 아이를 갖는 데 지금이 아마 최적의 시간
이 되지 않을까요.

내담자: 감사해요.

상담자: 사십 살이 넘어서면 갖기도 점차 힘들어요. 그러니까 시
간이 그렇게 많지 않고, 그리고 지난번에 이야기했듯이 엄
마, 아빠 소리 듣는 것은 하늘에 축복이 있어야만 듣는 거
예요. 내가 입양기관에 근무했었다고 했잖아요. 많은 불임
부부들을 봐요…. 따라서 사랑 님은 이제 아이를 갖기 위
해… 그리고 한 명 보다는 두 명, 두 명보다는 세 명이 아이
들을 위해서 좋아요…. 어차피 갖는다고 하면 부지런히 노
력을 해야 될 거예요. 남편도 그렇고, 그러려면 잠자리가 편
안해야 돼요. 그러기 위해서 서로가 노력도 하고 그러면 좋
지 않을까 생각돼요.

내담자: 알겠습니다.

상담자: 그건 그렇고 궁금한 거 다 물어보라고 했는데 궁금한 거
있나요. 사랑 님의 상담 목표가 소진 극복하고 삶의 질 향
상 이 부분인데, 지친 마음 회복, 이 부분은 어느 정도는 도
움이 좀 됐나요.

내담자: 네, 도움이 된 것 같은데요.

상담자: 어느 정도 된 것 같아요.

내담자: 음, 사실 마음이 회복됐다고 할 수 있는데요. 그냥 일단 의
지가 생겨났다는 거, 그냥 거기에 저는 거기에, 그렇게 저는

생각하고….

상담자: 지금 마음이 회복됐다고 표현을 했거든요.

내담자: 그러면 의지가 어느 정도 일어나는지를 말씀드려야 되나요.

상담자: 아니요. 꼭 그런 건 아니에요. 다만 상담 전에 처음 왔을 때에 비해서 지금 상태가 상담하면서 변화가 있었나, 거기에 대해서 이야기를 나눴으면 해서 물어보는 거예요.

내담자: 저는 뭔가 객관적인 그런 수치로 표현을 해야 되는 건가 싶어서 여쭤본 건데, 그전에는 예를 들어, 약간 막연했다고 하면 그냥 지금은 구체적인 과제를 저한테 주셨잖아요. 근데 저는 이런 것을 좋아하거든요. 구체적으로 과제를 주는 걸, 그래서 오히려 그냥 그렇게 따르고, 따르니까 달라진 내 감정 그리고 상대방의 그런 행동 이런 것들을 느끼니까, 막연히 이렇게 하면 되겠구나 하는 그런 자신감이라고 해야 되나 이렇게 개선하면 되겠구나, 그리고 노력을 해야 되겠구나, 그런 의지 같은 게 생겼던 것 같아요.

상담자: 그래도 많은 변화가 있었네요. 사랑 님의 지친 마음이 회복이 돼야지, 결국은 건강한 직장생활도 할 수 있는 게 아닌가요. 그렇게 하려면 우선 가정이 안정돼야 되고 그것도….

내담자: 맞아요. 선생님.

상담자: 예, 다 연관이 되어 있어서 그래요.

내담자: 네, 진짜 그렇더라고요.

상담자: 그래야지 직장에 가서도 동료들하고도 잘 관계를 맺을 수가 있고, 주변 사람들과도 관계를 잘할 수가 있는 것이 아닌가요.

내담자: 네, 그리고 그전에는 선생님이랑 상담하면서 내가 좀 인내심이 부족한가 하는 생각을 한 게, 제가 막 선생님이 뭘 하라 그러면, 제가 근데 그렇게 해도 안 돼요 하고 얘기를 하면, 그래도 더 해 보세요 하고 얘기를 저한테 하시거든요. 그래서 이 상황은 사실 똑같아요. 저희 남편이랑 맨날 생활 패턴이 똑같잖아요. 근데 옛날 같았으면 막 짜증 나 이랬던 것을 선생님이 그래도 더 해 보라고 해서, 그래도 좀 더 하면 확실히 조금 달라져요. 진짜 꾹 참고 더 하면, 그래서 이게 내가 생각하는 니즈랑 저 사람이 원하는 니즈랑 이 간격을 이렇게 나도 맞춰 줄 필요가 있겠구나 그걸 느껴가지고, 이렇게 더 인내를 가지고 노력을 할 필요가 있구나 하는 생각이 들었어요. 그래서 남편과 싸울 뻔한 것도 몇 번 참았습니다.

상담자: 잘하셨어요.

내담자: 제가 몇 번 참고 딱 그 사람을 보니까 조금 뭐라 해야 되지, 그냥 또 자기가 화나서 나한테 이러는구나, 약간 이렇게 가볍게 생각이 들더라고요. 그전에는 똑같이 막, 아니, 지가 나한테 지금 어디서 큰소리야, 약간 저도 이런 생각이 들었다면 그냥 자기 혼자 서운한 것 그런 걸 얘기를 하면, 그래

지도 뭐 힘들어서 그랬겠지 이러니까 싸움이 더 진행 안 되고, 그래도 거기서 멈추게 되더라고요. 또 거기서 멈추니까 남편도 더 안 화나고 좀 그랬던 것 같아요. 인내가 필요하더라고요.

(중략)

상담자: 그러면 앞서 과제들 사랑 님이 나름대로 쭉 하면서 변화를 체험했다고 했어요. 이것만 지속적으로 해도 스스로 변화되는 것을 느낄 수 있을 거예요. 앞으로도 지속적으로 해 보도록 해요.

내담자: 알겠습니다. 저, 궁금한 거 하나 있는데요. 제가 수준이 좀 이렇게, 마음이 다른 사람을 헤아릴 여유가 없는 것도 있었거든요. 근데 약간 다른 사람을 조금이라도 이해를 하니까 그만큼 스트레스를 덜 받더라고요. 그전에는 나는 이런데, 저 사람은 왜 저러지, 약간 이런 게 있었다면, 그래 저 사람 저럴 수 있어, 이렇게 생각하니까 거기에 힘이 덜 들어가잖아요. 그래서 거기서 조금씩 편안함을 느끼긴 하는데, 근데 이게 뭔가 타인에 대한 이해나 배려인지, 아니면 내가 생각, 내 주장을… 그러니까 내 주장을 좀 이렇게 꺾는다 해야 되나, 그런 건지 한 번씩 그냥 생각이 들 때가 있어요. 근데 뭘까요.

상담자: 전경에 치우치면 배경을 소홀히 할 수밖에 없어요. 내 고통이 너무 심하니까 주변을 돌아볼 여유가 없다는 거예요.

다시 말하자면 예를 들면, 어떤 사람이 길을 가다가 화장실을 가고 싶어서 공중화장실에 들어가요. 공중화장실에 들어갈 때는 편안한 마음으로 가요. 편안한 마음으로 똑똑 두드렸는데 다 꽉 차 있어, 10초가 흘러요, 20초, 30초가 흘러도 아무도 안 나오면 점차 배출 생각밖에 없어요. 1분이 지나도 안 나오게 되면, 오로지 배출 생각 외에 다른 생각은 없게 돼요. 그러다가 한 사람이 나오게 되면, 들어가서 볼일을 보고 나와요. 그러면 편안한 마음으로 다시 돌아오는 거예요. 다시 말하자면 내가 지금 전경에 꽂혀 있는 생각들, 이게 해소가 되기 전까지는 다른 것은 눈에 들어오지 않는다는 거예요. 주변을 돌아볼 여유가 없어요. 내 고통이 크다 보니까, 근데 이런 부분들이 해소되니까 주변을, 배경을 돌아볼 여유가 있는 거예요.

내담자: 그러면 제가 이런 상황들이 개선되니까, 그러니까 배경을 보게 될 수 있는 마음이 생겼다는 좋은 뜻이네요.

상담자: 그럼요. 처음 여기 왔을 때는 전경에 치우쳐 가지고 사랑 님 고통만이 전부인 것 같았어요. 이제는 주변을 조금씩 돌아볼 수 있는 여유도 생겼다는 거예요. 그렇게 계속 노력을 하시면… 사랑 님이 건강하면, 사랑 님 남편도 건강하고, 사랑 님 원가족도 다 건강하고 사회생활도 다 건강해져요.

내담자: 좋은 거네요.

상담자: 그럼요. 그리고 또 지내다가 더 큰 어려운 점들이나 나 혼자 스스로 감당하기 힘든 그런 일이 있으면 언제든지 상담실은 열려 있으니까 신청하고 그러면 삶의 질이 많이 좋아질 거예요. 상담 여기서 마무리 짓도록 할게요.

내담자: 너무 감사합니다. 너무 많은 도움이 되었습니다. 앞으로 즐겁게 살겠습니다.

종결회기로서 상담 받기 전과 상담 후 변화된 모습을 살펴보고, 지지와 격려를 하며 종결했다. 내담자는 지난 상담 이후 삶의 과정을 살펴보고 심리적·정신적 안정과 남편과의 관계 등 변화된 사항에 대해 나누었다. 상담 횟수가 지나면서 자각과 통찰을 통하여 자신이 가지고 있는 문제들에 대한 대안을 찾아내기 시작하였다. 또한 상담을 받을 때에는 몰랐는데, 상담 후 느낀 점이 많았다고 하였다.

우울증 치유와 사고의 전환을 위하여 과제를 내 주었으며, 내담자는 과제를 수행하는 동안 자각과 통찰이 일어나고, 스스로 변화하고 있음을 체감하였다. 상담 초기에 내담자는 자기중심성이 강하고, 배우자와의 어려움과 피해의식, 낮은 자존감, 이로 인해 현재 생활에 만족하지 못하고, 스스로 만든 고통의 틀 안에 자아를 가두고 힘들어하고 있었다. 상담 후 자신의 틀 밖으로 나와 건강한 관계를 위한 의사소통을 하게 되었고, 자아존중감이 높아졌으며, 타인을 배려하게 되었다. 또한 현실을 직시하고 수용적인 태도를 배양하였으며, 소진의 극복과 긍정적 변화로 삶의 질이 높아지게 되었다.

6. 상담에 대한 평가

1) 상담의 효과

내담자는 상담 초기에는 자신의 틀 안에 스스로를 가두고, 문제의 원인을 외부에서 찾았으나 상담이 진행되면서 현실을 직시하고 자각과 통찰을 통하여 틀 밖으로 나오기 시작하였다. 상담 후 자신의 문제 해결을 위해 스스로 대안을 찾기 시작하였으며, 자신을 되돌아보고 주변을 돌아보는 여유를 갖게 되었다. 시댁과 화해를 위하여 노력하였으며, 남편과의 관계가 이전보다 친밀해졌으며, 아기를 갖기 위해 노력하기 시작하였다. 직장에서도 스트레스를 덜 받고 피해의식이 나타나지 않았으며, 심리적·정신적 안정을 위해 운동과 걷기를 지속적으로 하고 있는 등 생활의 변화가 나타났다. 따라서 내담자는 상담 후 어두운 그림자에서 벗어나게 되었고, 소진 극복을 하게 되었으며, 삶의 질이 향상되었다.

2) 내담자 입장의 상담 효과

상담 전에는 자신의 문제가 너무 커서 우울하고 남의 탓을 많이 하고 주변을 돌아보지 못하였다. 또한 미성숙한 대인 관계와 피해의식,

불안, 우울증, 낮은 자존감 등으로 삶의 질이 낮아졌다. 시부모님과의 갈등 해소와 남편과의 원만한 관계를 위하여 노력을 하였는데, 호전되지 않았다. 상담 후 얼굴 표정이 밝아지고 잘 웃으며, 주변 사람들을 잘 돌아보고, 칭찬도 하고 긍정적으로 변화되었다. 시댁과 화해도 하고 남편과도 관계가 좋아졌다. 피해의식이 줄어들고 남들과 비교도 덜 하게 되었다. 상담 시간에 구체적 과제를 이행하면서 이렇게 하니 되겠구나 하는 생각과 함께 하고자 하는 의지가 생기게 되었다. 감사하는 마음이 생기기 시작하였으며, 현실을 직시하고 전경에서 벗어나 배경을 살펴보는 삶의 여유를 찾게 되었다.

3) 상담자의 자기 평가

필자가 창안한 관계형성이론을 중심으로 다양한 기법을 활용하여 내담자의 긍정적 변화와 치유를 위하여 상담에 임하였다. 10회 상담 회기를 구조화시켜, 회기별 목표를 가지고 접근하였다. 내담자의 자아기능을 강화시키고, 현실적이고 수용적인 태도를 갖도록 하였다. 또한 우울증, 불안, 피해의식으로부터 오는 심리적 고통의 해소와 내담자의 심리에 영향을 미치는 시댁과 남편, 직장 동료들과의 관계 개선을 위하여 조력하였다.

초기에는 우호적 상담 관계형성과 탐색을 하였으며, 중기에는 직면과 둔감화를 통하여 자각과 통찰을 유도하였다. 종결기에는 애도 기간과 긍정적 변화의 과정에 대하여 논하였으며, 내담자의 상담 욕구를 충족시켜 주었다. 상담 후 내담자는 불안정한 마음을 안정시키고 대인 관계를 정립하였으며, 현실을 직시하고 유연하게 대처하는 등 생활습관이 바뀌었고, 삶의 질이 향상되었다. 따라서 상담 목표에 초점을 맞추어 진행하였고 내담자의 긍정적 변화가 나타났으며, 상담자로써 보람을 느낀다.

4) 함께 생각해 볼 과제

내담자는 초등학교 6학년 때 어머니가 교통사고로 돌아가셨으며, 어머니의 부재와 장녀로서의 역할에 대한 책임감은 항상 무거웠다. 어려운 일이 생기더라도 감정을 표출하지 못하고 억압하게 되었으며, 자존심은 강하고 피해의식은 많고 자존감은 낮아지게 되었다.

내담자는 가족이나 지인들과의 관계 속에서 피해의식을 느끼게 되면 자신의 의지와 관계없이 화가 나고, 눈물이 나오며, 격한 감정이 올라오게 된다. 내담자는 2023년 3월부터 신경정신과에 다니고 있으며, 우울증 약을 복용하고 있다. 또한 내담자는 현재 생활에 만족하지 못하고, 스스로 만든 고통의 틀 안에 자아를 가두고 힘들어하고 있었다. 이로 인하여 무의식에 자리 잡고 있는 미해결과제가 현재의 삶에 부정적 영향을 미치고 있으며, 삶의 질이 낮아지고 있었다.

또한 내담자는 직장에서 전문직으로 근무하고 있는데 업무 과다로 인하여 소진 상태에 처한 것 같다. 내담자의 건강한 가정과 직장 생활을 위하여 번아웃 상태에서 벗어날 수 있도록 상담을 구조화하여 접근하였다. 상담 목표를 정하고 목표에 초점을 맞추어 진행하였다. 초기에는 내담자와의 관계형성과 탐색을 하였으며, 가계도, 과거 탐색, 과제부여 등 다양한 기법을 활용하여 긍정적 변화를 위하여 조력하였다. 중기에는 문제 요인에 대해 직면과 둔감화 작업을 하였으며 내담자 스스로 자각과 통찰을 하도록 유도하였다. 이 과정에서 내담자는 자신의 삶을 반추하고 전경에서 벗어나 배경을 되돌아보게 되었다.

상담자는 상담 회기마다 과제를 내주었으며, 내담자는 건강한 몸과 마음을 위하여 과제를 성실히 수행하였다. 상담이 진행되는 과정에서 내담자 스스로 변화하고 있음에 좋아하였다. 9회기 상담 후에 다음 상담이 마지막이라고 고지하였으며 10회기에는 상담 전체 과정에서 좋았던 부분과 보완할 부분에 대하여 나누고 지지와 격려를 하면서 상담을 종결하였다.

상담자는 상담 과정에서 편견에 치우지지 않으려고 노력하였으며, 내담자 중심의 상담을 하였으며 긍정적 변화를 이끌어 냈다. 따라서 필자가 창안한 관계형성이론이 상담자와 심리상담을 배우고자 하는 후학들에게 도움이 되기를 바라며, 우리나라의 심리상담 발전에 이바지하였으면 좋겠다.

참고문헌

권경인, 김창대 (2020). 대가에게 배우는 집단상담. 서울: 학지사.

김경자 (2023). 교류분석상담 사례개념화 요소 개발 및 타당화. 경상국립대학교 대학원박사학위논문.

김경숙 (2017). 아들러 이론에 근거한 목회돌봄 교육프로그램 개발 및 효과. 목포대학교 대학원박사학위논문.

김계현, 김동일, 김봉환, 김창대, 김혜숙, 남상인, 천상문 공저(2022). 학교상담과 생활지도, 서울: 학지사.

김도연 (2017). 상담자의 개인 상담 수퍼비전 참여 경험연구. 평택대학교 대학원 박사학위논문.

김명순 (2001). 상담의 이론과 실제. 서울: 참교육을 위한 전국 학부모회.

김수미 (2023). 인지행동치료 기반 동물매개치료가 경계선 지적 기능 아동의 문제 행동, 사회정서능력, 또래놀이상호작용에 미치는 효과. 원광대학교 대학원박사학위논문.

김유숙 (2005).『가족치료 이론과 실제』. 서울: 학지사.

김은혜 (2001). 초보 상담자들의 사례개념화 수준에 관한 연구: 상담전공생과 전화상담 자원봉사자자간의 비교. 서울대학교 석사학위논문.

김재웅 (2017). 교육본위론과 로저스의 인간중심상담이론 비교: 교육과 상담의 구조를 중심으로. 교육원리연구, 22(2), 1-33.

김춘경, 이수연, 최웅용(2010). 청소년상담. 서울: 학지사.

김춘경, 이수연, 이윤주, 정종진, 최웅용 (2016). 수퍼비전. 상담학사전, 네이버지식백과.

김환, 이장호 공저 (2009). 상담면접의 기초. 서울: 학지사.

노안영, 송현종 (2007). 상담 실습자를 위한 상담의 원리와 기술. 서울: 학지사.

류진아 (2020). 초보 상담자 역량 강화를 위한 색채심리 집단상담 경험 분석: 교육대학원 상담심리전공 대상. 초등상담연구, 19권 1호, p. 105-128. 한국초등상담교육학회.

박기영, 송진영 (2022). 심리상담센터의 지역사회 역할 및 협력방안. 문화교류와 다문화교육. 11(1). 489-509.

박은 (2022). 예비부부의 부부 관계전념을 위한 인지행동치료 프로그램의 개발 및 효과. 명지대학교 대학원박사학위논문.

박정아 (2018). 진로진학상담교사 수퍼비전을 위한 전문직 정체성 형성 과정 연구. 연세대학교 연합신학대학원박사학위논문.

박정희, 김유숙 (2009). 가족치료 임상에서 가계도 활용의 다양성 고찰. 한국가족치료학회지. 17(1), 31-55.

박현정 (2022). 상담자의 심리적 소진예방을 위한 인지행동치료 집단프로그램의 효과. 한국상담대학원대학교 석사학위논문.

박현진 (2020). 칼 로저스의 인간중심상담이론을 활용한 명리상담 모형에 관한 연구. 국제뇌교육종합대학원대학교 박사학위논문.

백미현 (2022). 초심수퍼바이저의 상담 수퍼비전 경험을 통한 역할 전환 과정. 단국대학교 대학원 박사학위논문.

서경희, 김지현 (2008). 사례개념화 상담자 자가평가 척도 개발. 한국심리학회지: 상담 및 심리치료, 20(3), 657-673.

손민호 (2011). 역량중심교육 과정의 가능성과 한계. 한국교육논단, 10(1). 101- 121.

손영란 (2022). 초심상담자의 가계도 탐색을 통한 분화의 이해와 성장 경험 연구. 영남대학교 대학원 박사학위논문.

손영란, 이윤주 (2020). 가계도 분석을 통한 졸업반 여자 대학생의 자아분화 과정 생애사 연구. 상담학연구: 사례 및 실제, 5(1), 1-28.

손예동, 강희선 (2015). 간호대학생들의 가계도 작성 정확성과 자신감. 한국모자보건학회지. 19(1), 110-120.

손은정 (2001). 전문 상담자 발달 수준별 사례개념화의 차이-개념도를 통한 인지구조를 중심으로. 이화여자대학교 대학원박사학위논문.

손재구 (2020). 상담전문가의 직업정체성 형성 과정에 관한 연구. 연세대학교 대학원 박사학위논문.

신효정, 송미경, 오인수, 이은경, 이상민, 천성문 공저 (2022). 생활지도와 상담. 서울: 박영스토리.

엄은숙 (2019). 실존주의 수퍼비전을 참여한 상담자의 자기인식과 관계맺음 경험. 박사학위논문, 백석대학교.

여인석 (2008). 세브란스 정신과의 설립과정과 인도주의적 치료전통의 형성: 맥라렌과 이중철의 활동을 중심으로. 醫史學: 大韓醫史學會誌. 제17권 제1호 통권 제32호, pp.57-74.

여인석 (2020). 멜랑콜리 개념의 기원과 분화를 통해 본 몸과 마음의 관계. 의철학연구. 한국의철학회. 제29호 (2020. 여름), p. 53-75.

유성애 (2004). 노자의『도덕경』과 로저스의 인간중심상담이론의 비교. 연세대학교대학원 박사학위논문.

윤성근, 유주희, 이승은, 이지영, 장현진, 허다연, 홍예주, 장수정 (2018). 수퍼바이저의 경력에 따른 초심 상담자의 수퍼비전 경험: 개념도 연구법을 활용하여. 인간이해, 39(2), 189-216.

윤회섭 (2002). 수퍼바이저와 상담수련생의 이론적 경향성과 일치도가 상담수련생의 지각과 만족에 미치는 영향. 계명대학교 대학원석사학위논문.

이남옥·문용갑·김지혜 (2016). 체계론적 상담: 가계도분석과 가족세우기를 중심으로. 상담학연구: 사례 및 실제, 1(1), 39-56.

이두희, 장유진 (2019). 수퍼바이저 피드백에 대한 상담 수련생의 인식과 경험. 상담학연구, 20 (3), 217-242.

이명우, 박명희 (2015). 근거이론에 의한 사례개념화 교육 경험 분석. 예술심리치료연구. 11(3), 67-90.

이명우, 박명희 (2017). 미술치료를 활용하는 상담자의 사례개념화 기반 사례관리 교육 참여경험에 대한 질적 사례연구. 예술심리치료연구, 13(4), 195-213.

이수경 (2022). 대학생을 위한 아들러 심리학에 근거한 긍정심리프로그램 개발 및 효과. 협성대학교 대학원박사학위논문.

이윤주 (2001a). 상담사례개념화 요소목록 개발 및 타당성 검증 연구. 서울대학교 대학원교육학과 박사학위논문.

이윤주 (2001b). 상담사례개념화 요소목록 개발 및 수퍼비전에서 중요하게 지각되는 사례개념화요소 분석. 한국심리학회지: 상담 및 심리치료, 13(1), 79-93.

이윤주 (2022). 상담의 상대적 효과성 연구에서 충성도의 문제. 상담학 연구, 제23권 제1호(통권 127호).

이장호, 정남운, 조성호 공저 (2008). 상담심리학의 기초. 서울: 학지사.

이지은 (2017). 진로상담 사례개념화 요소목록 개발 및 타당화. 한국기술교육대학교 대학원 박사학위논문.

임종렬 (2000). 관계적 사유. 서울: 한국가족복지연구소.

임종렬 (2001). 대상중심이론 가족상담. 서울: 한국가족복지연구소.

임종렬 (2002). 모신. 서울: 한국가족복지연구소.

임향빈 (2014). 심리상담의 이해와 대상중심 가족치료의 실제. 서울: 북랩.

임향빈 (2018). 단기상담의 이해와 실제. 서울: 북랩.

임향빈 (2021). 관계형성이론 심리상담. 서울: 북랩.

임향빈 (2023). 심리상담사가 바라본 부부와 자녀 양육. 서울: 북랩.

임효정 (2020). 중학생의 유전 가계도 문제 해결에서 나타나는 주의 집중과 해결 과정 분석. 한국교원대학교 교육대학원석사학위논문.

정정철 (2020). 아들러 개인심리학 기반 직장인의 행복증진 집단 프로그램의 개발 및 효과. 목포대학교 대학원박사학위논문.

정영순 (2006). 가계도 작성에서의 신뢰도 검증: 가족치료 전공 대학원생들을 중심으로. 상명대학교 정치경영대학원석사학위논문.

조윤진, 이은진, 유성경 (2014). 상담심리치료 수퍼비전, 부정적인 경험, 부정적인 수퍼비전, 근거이론, 수퍼비전 관계. 한국심리학회지: 상담 및 심리치료, 26 (4), 841-877.

조진희 (2021). 초등학생의 공동체 의식 향상을 위한 아들러 이론 기반의 모험상담 프로그램의 개발 및 적용 연구. 숙명여자대학교 대학원박사학위논문.

지승희, 주영아, 김영혜 (2014). 수퍼비전 경험과 되고 싶은 수퍼바이저 상에 관한 탐색적 연구. 상담학연구, 15(5), 1671-1693.

최연실·정영순 (2006). 가계도 작성에서의 신뢰도: 가족치료 전공 대학원생들을 대상으로. 상담학연구, 7(3), 917-931.

최윤미 (2019). 상담이론에 기반한 상담사례의 사례개념화: 대상관계이론, 인지치료이론, 실존역동적 접근 방식의 사례개념화. 상담학연구: 사례 및 실제. 4(2). 27-41.

홍영식 (2012). 상담 슈퍼비전에서 상담자의 자각이 상담 과정에 미치는 영향. 백석대학교 기독교전문대학원 박사학위논문.

Cashdan, S. (2007). 『대상관계치료』. 이영희·고향자·김해란·김수형 (역). 서울: 학지사 (Object Relations Therapy, New York: W. W. Norton, 1988).

Corey, G., Corey, M. & Callanan, P. (2008). 『상담 및 심리치료 윤리』. 서경현, 정성진 (역). 서울: 시그마프레스(Issues and Ethics in the Helping Professions. CA: Brooks/Cole, 2007).

Elliott, R. Watson, J. Goldman, R. & Greenberg, L. (2005). 『Learning Emotion-Focused Therapy』. Washington, DC: American Psychological Association.

Garfield, S. L. (2006). 『단기심리치료』. 권석만, 김정욱, 문형춘, 신희천 (역). 서울: 학지사(The practice of brief psychotherapy. New York: Wiley, 1988).

Mann, J. (1993). 『12회 면담 한시적 정신치료』. 박영숙, 이근후 (역) 서울: 하나의학사(Time-Limited Psychotherapy, Cambridge. MA: Harvard University Press, 1973).

Pledge, D. S. (2009). 『아동 및 청소년상담』. 이규미, 이은경, 주영아, 지승희(역). 서울: 시그마프레스(Counseling Adolescents and Children: Developing Your Clinical Style Brooks/Cole Publishing Company, 2003).

Saul, L. (1992). 『정신역동적 정신치료』. 이근후, 최종진, 박영숙 (역). 서울: 하나의학사(Psychodynamically Based Psychotherapy. New York: Science House, 1972).

Wright JH, Basco MR, Thase ME. (2009). 『인지행동치료』. 김정민 (역). 서울: 학지사(Learning cognitive-behavior therapy. Washington, D.C. and London, UK, 2006).

찾아보기

인명

내용